*Der sechste Sinn*

Carola Lind • Karin Müller

# Der sechste Sinn

Zwiesprache mit Pferden

**KOSMOS**

## Bildnachweis

16 Bildtafeln mit 54 Farbabbildungen von Felix von Döring, Hamburg (S. 141 o.), Kerstin Hasse-Schwenkler, Almstedt (S. 33 o.li., S. 67, S. 68 u.li., S. 69 o., S. 104, S. 106 u.li., S. 139, S. 141 u., S. 142, S. 175 u., S. 176 o.), Harald Koch, Hannover ( S. 67 u., S. 106 o., S. 106 u.re.), Karin Müller, Burgwedel (S. 33 o.re., S. 33 u., S. 34, S. 66 o., S. 66 u.re., S. 70, S. 103, S. 105, S. 140, , S. 175 o., S. 176 u.)

Bücher · Kalender · Spiele · Experimentierkästen · CDs · Videos
Natur · Garten & Zimmerpflanzen · Heimtiere · Pferde & Reiten · Astronomie
· Angeln & Jagd · Eisenbahn & Nutzfahrzeuge · Kinder & Jugend

Informationen senden wir Ihnen gerne zu

KOSMOS Postfach 10 60 11
D-70049 Stuttgart
TELEFON +49 (0)711-2191-0
FAX +49 (0)711-2191-422
WEB www.kosmos.de
E-MAIL info@kosmos.de

Kosmos Verlag
Mitglied in der

Deutsche Vereinigung zum
Schutz des Pferdes e.V.
Wienkamp 11 rechts
46354 Südlohn

## Impressum

Umschlag von eStudio Calamar unter Verwendung von 2 Farbfotos von Christiane Slawik (Hauptmotiv) und Karin Müller (Umschlagklappe)

Mit 54 Farbfotos auf 16 Bildtafeln.

Die Deutsche Bibliothek – CIP-Einheitsaufnahme:
Ein Titelsatz für diese Publikation ist bei der Deutschen Bibliothek erhältlich.

Gedruckt auf chlorfrei gebleichtem Papier

© 2001, Franckh-Kosmos-Verlags-GmbH & Co., Stuttgart
Alle Rechte vorbehalten
ISBN 3-440-08978-9
Redaktion: Alexandra Haungs
Gesamtherstellung: Buch & Konzept, München
Layout und Satz: Buch & Konzept, Annegret Wehland, München
Reproduktion: Litho Art, München
Printed in Czech Republic / Imprimé en République Tchéque
Druck und Bindung: Těšinská Tiskárna, Česky Těšin

# Inhalt

# Warum Pferde so traurige Augen haben

### Hästar

Vad hästar har sorgsna ögon,
bruna och aldrig blå -
Vanliga arbetshästar,
vem vet vad de tänker på?

Om en sömmerska öppnar ett fönster
och ger dem en sockerbit
kan det hända de bultar med mulen
när de nästa gång kommer förbi.

Men de skrattar aldrig. De smålog
ej ens åt Klumpfota-Klas,
min barndoms Klumpfota-Klas,
vilkens kinder av glädje blev röda
när man tog hans tenor för bas.

Som gjorde sig köpstark och viktig
för stora ardenner ibland
att ögna på hov och på tand.
– Men hästar har ingen humor,
inte det minsta grand.

Nils Ferlin

### Pferde

Was für traurige Augen Pferde haben,
braun und niemals blau –
gewöhnliche Arbeitspferde,
wer weiß, woran sie denken?

Wenn eine Näherin ein Fenster öffnet
und ihnen ein Zuckerstück gibt, kann
es passieren, sie klopfen mit dem Maul,
wenn sie das nächste Mal vorbeikommen.

Aber sie lachen nie. Sie lächelten
nicht einmal Klumpfuß-Klas an,
den Klumpfuß-Klas meiner Kindheit,
dessen Wangen sich vor Freude röteten,
wenn man seinen Tenor für einen
Bass hielt.

Der sich kaufkräftig gab und wichtig,
um große Ardenner manchmal
auf Huf und Zahn zu prüfen.
– Aber Pferde haben keinen Humor,
nicht das kleinste bisschen.

# Wer wir sind

**Carola Lind** wurde 1970 in Malmö geboren. Sie konnte beinahe früher reiten als laufen und wuchs im natürlichen Verständnis auf, mit Tier und Mensch „ohne Worte" zu kommunizieren. Die Begabung für Übersinnliches, ganzheitliche und alternative Heilmethoden sind in der Familie Lind weit verbreitet und verwurzelt. Carola Lind arbeitet mit von ihr entwickelten Massage- und Stretchingtechniken und als Tierdolmetscherin, bildet Pferde und Reiter im „Alternativstallet" in Schonen aus. Sie ist Gründungsmitglied eines schwedischen Vereins, der Sporttraber vor Schlachttransporten ins Ausland rettet. Viele dieser oft misshandelten Pferde werden direkt im Alternativstall aufgenommen und in Privathände weitervermittelt. Darüber hinaus gibt sie Kurse u. a. in Tierkommunikation, Healing, Stretching/Massage und mentalem Training. Sie berät Züchter und Pferdesportler weit über die schwedischen Landesgrenzen hinaus.

**Karin Müller** wurde 1967 in Kitzingen am Main geboren. Ihre Leidenschaft für Pferde begann ebenfalls schon in der Kindheit. Sie wuchs mit einem regelrechten Privatzoo an Haustieren auf. Bis zum ersten eigenen Pferd musste sie sich jedoch lange Reitschul-, Vereins- und Pflegepferdjahre gedulden. In der Zwischenzeit studierte sie Angewandte Kulturwissenschaften, wurde Radio- und Printredakteurin und lernte weiter. Seit einigen Jahren ist sie freiberuflich als Übersetzerin und Autorin im Bereich Jugend- und Pferdebücher tätig. Sie lebt mit ihren beiden Pferden und Hund in Norddeutschland und verbringt so viel Zeit wie möglich in Schweden und am Meer.

# Was Zauberuhren, Strom und Telepathie gemeinsam haben

Als Kind habe ich ein Buch besonders geliebt: Es ging um ein kleines Mädchen, das eine innige Beziehung zu seinem Meerschweinchen hat. Beider größter Wunsch ist es, einmal miteinander reden zu können. Und weil es auch in modernen Märchen Wunder gibt, geschieht es: Eines Mitternachts – innerhalb des Zeitraums, den die alte Standuhr für ihre zwölf Schläge braucht – können die beiden einander sprachlich verstehen. Was wollen sie sich nicht alles mitteilen – und als es dann endlich so weit ist, kommt vor Aufregung und Nervosität „nur" das gegenseitige „Ich hab dich lieb" heraus.

Und was hat das mit diesem Buch zu tun?

Nun, ich bin erwachsen geworden, habe mir Vorsicht und Skepsis als Redakteurin und Kulturwissenschaftlerin allein schon berufshalber anerzogen. Die kanalisierte Neugier brachten Beruf und Ausbildung mit sich. Zusätzlich bewahrt habe ich mir eine Offenheit, die ich vielleicht meinen schwedischen Vorfahren zu verdanken habe … Und die Überzeugung, dass z. B. ein Buch mehr ist als die Summe seiner Buchstaben, dass der Mensch mehr ist als die Summe seiner Atome – und dass es viel mehr in der Welt gibt als das, was wir zu zählen, zu messen, zu sehen gelernt haben. Es wäre ziemlich schwarz-weiß in unserer Welt, wenn es nur das gäbe, was wir mit unseren beschränkten Fähigkeiten oder Kenntnissen wahrzunehmen imstande sind. Um wie viel schärfer sieht ein Hund? Wie viel besser riecht er? Wie viele Phänomene hat es in der Geschichte schon gegeben, die als unerklärlich, als Spuk, Hexerei, Blasphemie galten – und heute selbstverständlich, weil wissenschaftlich erklärbar sind. Oder weil wir sie unter dem Elektronenmikroskop gefunden haben.

Aber mit Tieren sprechen?

„Das gibts doch nur im Märchen", bekomme ich mit mitleidigem Blick zu hören.

Oder die praktische Variante:

„Klar, mach ich auch: Sitz, Platz, Aus!" Das breite Grinsen gibts zum Kommentar gratis dazu.

Assoziationen werden wach, von einsamen alten Damen, die ihrem Schoßhund all ihre Alltagsnöte erzählen.

„Mit Pferden sprechen? Energieverschwendung. Nimm die Gerte oder ein Stück Zucker. Das versteht dein Pferd besser", hörte ich auch hin und wieder.

Damit wollte ich mich nicht zufrieden geben.

Dann traf ich in Schweden auf Carola Lind und heute weiß ich: Es geht. Diese Frau kann mit Tieren sprechen. Jeder kann es. In diesem Buch können Sie nachlesen, wie Sie es selbst lernen können.

„Es dauert nur einen Tag!", sagt Carola Lind. Dann haben Sie alle notwendigen Grundlagen.

Sie ist eine fröhliche, humorvolle und bodenständige junge Frau, die ihr Leben den Pferden verschrieben hat. Sie redet so selbstverständlich davon, dass und wie sie mit Pferden telepathisch Zwiesprache hält, wie sie ihrer jüngsten Tochter Moa die Windeln wechselt. Auf ihre Arbeitsjacke war das schwedische Wort „Djurtolk" – Tierdolmetscher, gestickt. Darunter ihre Handynummer. Das Telefon stand nicht mehr still. Mittlerweile steht da nur noch „Alternativstallet". Carola Lind ist inzwischen wohl eine der bekanntesten Vermittlerinnen zwischen Mensch und Tier in Schweden (ein gutes Dutzend arbeiten dort offiziell – interessanterweise alles Frauen). „Animal Communicator" nennen sich ihre KollegInnen im anglo-amerikanischen Sprachraum.

Aber wie funktioniert denn eine solche übersetzbare Kommunikation zwischen Mensch und Tier – und kann jeder sie lernen? Man kann, wie schon gesagt, jeder kann: Aber es steckt Arbeit dahinter, das kann man nicht oft genug betonen. Jedem, der das Gegenteil behauptet, sollten Sie äußerst skeptisch begegnen.

Diese Arbeit des Dolmetschens zwischen Mensch und Tier wird von Carola Linds Auftraggebern, renommierten, bodenständigen und erfolgsorientierten Pferdezüchtern, Rennstallbesitzern und Turnierreitern, ebenso ernst und selbstverständlich genommen wie eine Futteranalyse oder die Sauberkeit im Stall.

Warum also Dolmetschen zwischen Mensch und Tier nicht auch in Deutschland?

Viel Gutes, was für uns Deutsche heute selbstverständlich ist, haben wir von den skandinavischen Nachbarn abgeguckt. Wenn ein Klischee auf Schweden, wie ich es kennen gelernt habe, zutrifft, dann ist es die Offenheit seiner Einwohner. Eine Aufgeschlossenheit, gerade auch neuen Dingen gegenüber, von der wir uns die eine oder andere Scheibe abschneiden könnten.

Ich wollte immer die Standuhr aus dem Kinderbuch finden, die mir zwölf Schläge lang Ohren schenkt, mit denen ich Antworten tatsächlich hören kann. Mit eigenen Ohren hören, was ich mit dem Herzen spüre.

Den Beweis bekommen, dass Körpersprache und antrainierte Signale eben nicht die einzige Möglichkeit sind, mit Tieren zu kommunizieren.

Mit Pferden tanzen, flüstern, reden: Der mit den Pferden spricht, Der auf die Pferde hört, Cowboys, Indianer, Gurus – das alles sind Puzzleteile.

„Schön, ja aber …", maulte meine innere Stimme. Wo war der Schlüssel, die Anleitung, mir ein Gesamtbild zusammenzusetzen? Dies alles selbst zu erfahren, zu leben, zu fühlen, zu hören, zu sehen: nicht zu imitieren, sondern innovativ zu erleben.

Aber hätte ich besagte Zauberuhr gefunden – nach dem zwölften Schlag wäre sie mir schon Surrogat gewesen, hätte den unersättlichen kleinen Häwwelmann in mir geweckt: Mehr, mehr! Zwölf Schläge nur? Das reicht doch nicht für ein ganzes Leben.

Ich weiß nicht, wie Magneten, Kristalle, Handauflegen Heilungsprozesse beeinflussen sollen oder könnten. Aber wenn ich ein Ergebnis sehe, zählt das für mich. Könnten Sie genau erklären, wie der Strom in Ihre Steckdose kommt? Aber Sie wissen, dass er da ist – auch ohne da hineinzugreifen, richtig? Sie sehen es am Licht, das Sie anschalten können – am Ergebnis also. Das ist der Punkt, an dem der Rechenweg zwar interessant bleibt, aber letztlich nebensächlich wird. Für mich ist Telepathie darum heute ebenso einleuchtend wie die Tatsache, dass es Strom gibt.

Zwei Dinge sind mir wichtig.

Erstens: In Schweden ist es üblich, sich zu duzen und beim Vornamen anzureden – theoretisch sogar den König. Daher schreibe ich im Folgenden meist von „Carola" und nicht von „Frau Lind". Alles andere wäre gestelzt und sie fände es höchst seltsam. Wenn Sie ihr einmal begegnen, werden Sie die Erfahrung machen, dass Carola sich gesiezt vermutlich gar nicht angesprochen fühlt.

Zweitens: Die hier vorgestellten Thesen und Methoden sind, wenn nicht ausdrücklich anders dargestellt, die von Carola Lind. Mein Weg mit den Pferden hat mich, die Redakteurin, Übersetzerin, Autorin und Reiterin, zu ihr geführt. Ich habe sie lange und oft begleitet, viel gelernt und mir eine Meinung gebildet. Nun lade ich Sie ein, dieses Buch zu lesen, die darin beschriebenen Wege auszuprobieren und sich anschließend ebenfalls eine Meinung zu bilden.

Ich habe lange gesucht, bis ich hier ankam. Bin auf vielen Wegen weit gegangen, bis ich doch auf ein Schild mit der Aufschrift Sackgasse stieß. Oft genug kam ich an Weggabelungen, wo sich zumindest neue Türen aufgetan haben. Eine davon führte mich nach Schweden. Dort hat mir Carola gezeigt, dass ich den Schlüssel, SELBST mit Tieren zu sprechen, wann immer ich will, über Entfernung und Zeit, die ganze Zeit in mir getragen habe.

Carola hat keine Angst davor, dass ihr jemand etwas zu viel abguckt. Im Gegenteil, sie fördert dies und ihr Credo lautet: Werden Sie gut, werden Sie sogar besser! Nutzen Sie Ihren sechsten Sinn, es kann nur zu unser aller Nutzen sein – und vor allem zu dem der Tiere.

Mit diesem Buch möchten Carola Lind und ich Ihnen das Handwerkszeug geben, selbst, ohne fremde Hilfe mit Ihren Tieren sprechen zu können. Wenn Sie es wollen. Wann immer Sie es wollen. Wir sind uns sicher: Im Nachhinein werden Sie es nicht für Zauberei oder Humbug halten. Vielleicht sind Sie ein bisschen erstaunt. Und das in erster Linie über zwei Dinge: Es ist so einfach wie einen Stecker in die Steckdose stecken. Und: Der Strom war die ganze Zeit da. Sie haben ihn nur nicht gesehen.

Ich bin Carola zum ersten Mal – moderne Zeiten! – im Internet begegnet. Während eines Sprachlehrgangs an der Wirtschaftsakademie in Kiel wälzte ich diverse Online-Zeitungen und Jobanbieter auf der Suche nach einem Praktikumsplatz in Schweden. Drei Monate, um meine Sprachfertigkeiten zu vertiefen. Aber drei Monate ohne Stallgeruch? Wie sollte ich das aushalten! Außerdem sah ich mir gern die Arbeit mit Pferden in anderen Ländern aus der Nähe an. (Ein solcher Studienbesuch hatte mir vor einigen Jahren die Gelegenheit beschert, die Verhaltensforscherin Dr. Evelyn Hanggi in den USA kennen zu lernen. Durch die Wissenschaftlerin kam ich zum ersten Mal auch mit Pferdeflüsterern und Natural Hosemanship in Berührung.)

Hier nun geriet ich „zufällig" in die Praktikumsbörse einer Pferdezeitschrift, wo eine gewisse Carola Lind für ihren Alternativ-Stall eine Praktikantin suchte, die ernsthaftes Interesse mitbrachte und die Ausdauer, „nicht gleich nach zwei Wochen wieder lustig heimzufahren …" Mindestens sechs Monate sollte der- oder diejenige bleiben, bei den täglichen Stallarbeiten genauso engagiert helfen wie Ausritte leiten, Pferde durch Bodenarbeit trainieren – und ab und an auch mal auf Klein-Moa aufpassen.

Ein lehrreiches und spannendes Jahr versprach die Inserentin, in welchem man Massage und Stretching am Pferd ebenso lernen würde wie das Reiten mittels Gedanken und in echter Kommunikation mit Pferden zu reden.

Das klang auf den ersten Blick ziemlich verrückt. Ein Praktikumsplatz bei einem schwedischen Doktor Doolittle? Spannend! Diese Anzeige unterschied sich komplett von allen übrigen Angeboten – und war leider überhaupt nicht das, was ich beruflich suchte. Aber sie machte mich neugierig. Sie sprach mich an. Und ich witterte eine Story. Aber vielleicht versteckte ich mich auch nur hinter der Redakteurin in mir, um mein ureigenes Interesse ungestört stillen zu können, ohne dumme Sprüche zu riskieren. Ich suchte also weiter nach einem anderen Praktikumsplatz – und nahm mit Carola Lind Kontakt auf. So schrieb ich ihr, wer ich war, was ich suchte und dass ich sehr daran interessiert war, sie kennen zu lernen.

Keine vierundzwanzig Stunden später bekam ich eine spannende E-Mail zurück – die erste von unzählig vielen, die seither ständig zwischen uns hin- und hergehen. Schon in diesen ersten virtuellen Kontakten wurde deutlich, dass wir dieselbe Wellenlänge hatten. Hier war jemand, der da war, wo ich hinwollte, und bereit, mir zu zeigen, wie ich das erreichen konnte – ohne Einschränkung. Umgekehrt ging es Carola offenbar ähnlich: eine reitende Autorin und Redakteurin aus Deutschland, die der schwedischen Sprache mächtig war. Wir waren überzeugt, einander „gefunden" zu haben und uns gegenseitig auf unserem Weg ein Stück begleiten und helfen zu können.

Wir diskutierten, fachsimpelten und klönten lange schwedische Winterabende lang – und irgendwann muss mein Kopf dem Bauch wohl nachgegeben haben. Der war schon lange so überzeugt vom ganzheitlichen Ansatz Carola Linds, von dem, was diese Frau tut und vermitteln kann, von ihrem ganzen Wesen, dass ich beschloss, meine Erfahrungen in einem Buch zusammenzufassen.

Die Begegnung mit Carola Lind, das scheinbar zufällige Zusammentreffen verschiedener Faktoren, das dies ermöglichte, finde ich bemerkenswert. Es hat mich auf meinem Weg zum Pferd ein großes Stück weitergebracht und meine Satteltaschen mit Mut, Gelassenheit und Stärke gefüllt.

Vielleicht wird es Ihnen am Ende wie mir ergehen und Sie werden noch eines feststellen: Die Reise zum Pferd ist in allererster Linie eine spannende, wunderbare und überraschende Reise zu sich selbst. Das wäre doch schön.

*Karin Müller*

# Telepathie:
# Die Frau, die mit den Pferden spricht

## Fünf Sinne – oder sechs?

Reden wir nicht lange drum herum: Dieses Buch handelt von Telepathie. Falls Sie das Vorwort überblättert haben, hoffe ich, Sie kriegen jetzt keinen Riesenschreck und machen mit elegantem Schwung die Esoterikschublade auf und das Buch an dieser Stelle zu. Machen Sie es lieber umgekehrt: Die Schublade bitte gleich wieder zu und lassen Sie das Buch offen. Danke!

Denn „Der sechste Sinn – Zwiesprache mit Pferden" handelt auch davon, dass es sich bei telepathischer Kommunikation zwischen Mensch und Tier eben nicht um spirituellen Schnickschnack oder Hokuspokus handelt. Keine Geister, kein Zauber, keine jenseitigen Mächte – versprochen! Es wird im Verlauf dieses Buches sicher die Rede davon sein, dass es höhere Ebenen und andere Energieformen gibt. Telepathie aber hat nichts mit „Spökenkram" zu tun, wie die Norddeutschen so schön sagen.

Sind Sie bereit? Dann lassen Sie uns die Reise zum Pferd beginnen.

Am Anfang war das Wort, heißt es in der Bibel – und damit begannen unzählige Missverständnisse. Wie dem anderen vermitteln, was man wirklich meint? Wie etwas erklären, was der andere nie geschmeckt, gefühlt, gerochen, gesehen, gehört hat? Wie um Himmels willen packt man fünf Sinneswahrnehmungen in beschreibende, erklärende Worte?

Die Schwierigkeiten und Ansätze zur Problemlösung, allein was die Kommunikation Mann – Frau betrifft, stehen tausendfach gedruckt und gebunden als Ratgeber in den entsprechenden Abteilungen der Buchhandlungen. Und Staub setzen sie da keinen an. Ungleich schwerer wird es mit der Kommunikation, wenn das Gegenüber nicht nur ein anderes Geschlecht hat, sondern womöglich nicht mal aus demselben sozialen oder kulturellen Umfeld stammt.

Was also tun, wenn es sich am Ende gar um eine andere Spezies handelt, mit der man kommunizieren möchte? Bevor wir uns an Begegnungen der dritten Art mit UFOs aus dem Weltall machen, sollten wir es vielleicht erst mal mit Wesen vom selben Planeten aufnehmen.

Mit jedem körperlichen oder geistigen Unterschied wird der Verständnisabstand größer, der Wunsch nach Nähe, nach Verstehen und Verstandenwerden, nach funktionierender Verständigung aber nicht unbedingt geringer.

Ohne Worte, sich „blind verstehen" – diese Redewendungen stehen nicht für blind, taub und stumm durchs Leben gehen, sondern bedeuten den wahr gewordenen Traum vom ganzheitlichen, kompletten Sich-einfühlen-können. Nach meiner Erfahrung gibt es zwei Kategorien von Menschen: Die einen halten es immerhin für möglich, dass solche und andere Träume wahr werden können. Die anderen haben zu viel Angst davor, dass etwas Wahres daran sein könnte, um überhaupt zu wagen, sich damit auseinander zu setzen. Können also nur Liebende in schmalzigen Hollywooddrehbüchern sich ohne Worte verstehen? Blödsinn, schreit da zumindest meine innere Stimme spontan. Daran glauben wir nicht, sonst hätte ich dieses Buch nicht geschrieben, und Sie würden es jetzt nicht in Händen halten.

Aber mit den Worten ist das halt so eine Sache. Jeder versteht etwas anderes unter ein und demselben Begriff: Was ist für Sie „Freiheit"? Fragen Sie einen Haftgefangenen oder eine eifersuchtsgeplagte Ehefrau. Die Inuit – Eskimos – haben angeblich mehr als dreißig Wörter für „Schnee". Kommunikationswissenschaftler sprechen von der Konnotation – einer versteckten Mitbedeutung eines Wortes –, dem Gefühl, das verschiedene Menschen mit ein und demselben Begriff verbinden: Dem einen sträuben sich vor Unwohlsein die Nackenhaare, wenn er „Hafergrütze" hört, einem anderen läuft das Wasser im Mund zusammen.

Gedanken sind ursprünglich, unmittelbar, unvoreingenommen. Sie übermitteln sich in erster Linie als Bilder – als Szenen, Situationen, die wir vor unser inneres Auge projiziert bekommen oder mit unserer Vorstellungskraft selbst schaffen. Schon lange bevor wir sprechen konnten, haben wir ja gedacht, fantasiert: Wünsche, Bedürfnisse, haben uns etwas ausgemalt ins unserer Fantasie, im Kopf. Je nach Empfänglichkeit und Sensibilität können diese Bilder sogar gekoppelt sein mit Gefühlen, Geschmack, Dufterlebnissen.

Dies vermischt sich mit dem, was die Wissenschaft als Empathie bezeichnet: Das ist nichts anderes als etwas, was viele von uns ganz oft wahrnehmen: „So ein Gefühl haben", … dass es jemandem nicht gut geht, … etwas in der Luft liegt, … sich zusammenbraut, … man unbedingt dieses oder jenes tun oder lassen sollte … Eine undefinierte, „außersinnliche" Wahrnehmung also.

Landläufig ist immer von fünf Sinnen die Rede: Sehen, Hören, Riechen, Schmecken, Fühlen. Ich wehre mich ein bisschen gegen den Begriff „außersinnlich" als Umschreibung für Instinkt, Intuition, Bauch, innere Stimme, wie immer Sie es fassen mögen. Natürlich ist es eine Sinneswahrnehmung, die diesem Gespür zugrunde liegt. Mir ist die Formulierung „der sechste Sinn" daher viel näher.

Die berühmte „selbe" Wellenlänge kann man also finden und bewusst damit arbeiten.

## Worte, Bilder und Gedanken

Wenn Worte so viele Missverständnisse mit sich bringen, dann lernen wir eben, ohne sie zu kommunizieren, lassen wir sie einfach weg. Das nennt sich Telepathie und klingt erst einmal so leicht dahingesagt, dass ich Ihr zynisches „Aha – ganz einfach, also, ja?" förmlich hören kann, auch ohne Gedankenübertragung. Trotzdem: Lassen Sie sich mal drauf ein, die Möglichkeit in Betracht zu ziehen, dass es – eventuell – in Ansätzen – vielleicht – machbar wäre. Das wäre doch ein tolles Geschenk, oder?

Es ist wirklich ein Geschenk. Eines, das Sie sich selbst machen können. Theoretisch haben Sie es sogar schon – genau, mit dem Erwerb dieses Buches. Jetzt müssen Sie nur noch lesen und anwenden, was drinsteht. Und üben und sich nicht unterkriegen lassen.

Gedanken sind Bilder in unserem Kopf. Wir speichern Sinneswahrnehmungen, können sie als Bilder, als Eindrücke jederzeit abrufen – Geschmack, Gefühl, Duft inklusive. Unsere Gedankenwelt besteht aus lauter farbig bunten Szenen, die wir später in Worte zu fassen versuchen, weil wir nicht wissen, wie wir sie sonst weitergeben können, weil wir verlernt haben, das direkte Bild zu senden oder zu empfangen. Dabei würde das Bild ohne Umweg und Verlust all das beinhalten, was wir oft so mühsam zu umschreiben versuchen. „Warte, ich habs gleich. Es liegt mir auf der Zunge." „Nein, so einen Stuhl meine ich nicht. Er sollte geschwungene Lehnen haben und einen hellblauen Bezug ... nicht ganz so hell ... und das Holz müsste ..." Sie wissen, was ich meine ...?

Das Bild ist also das Ursprünglichste, das in unserem Kopf entsteht. Oft genug jedoch hat man den Eindruck, auf dem Weg der Gedankenübertragung tatsächlich „Wort" übermittelt zu bekommen – auch wenn wir mit Tieren „reden", mit ihnen Zwiesprache halten. Das liegt schlicht daran, dass wir es so verinnerlicht haben, Bilder, Gedanken, Vorstellungen für uns in Wort, in Sprache zu packen, dass dies zum Automatismus wurde. Wort ist uns das nächste, das vertrauteste Werkzeug. Ganz ohne können wir offenbar nicht. Tiere, Pferde sind auf irgendeine Art anscheinend auch in der Lage, sich in dieser „Fremdsprache" auszudrücken, um uns etwas begreiflich zu machen. Manchmal mehr oder weniger umständlich, antiquiert oder gestelzt. Carola Lind hat die Feststellung gemacht, dass sich ihre Aufzeichnungen nicht nur von der Handschrift her unterscheiden.

*„Ein Kaltblut drückt sich anders aus als ein Vollblüter, ein Springpony wählt andere Worte als ein Traber. Ich notiere oft genug Redewendungen, die ich niemals selbst verwenden würde. Manchmal weiß ich noch nicht einmal, wovon die Rede ist. Aber das ist auch zweitrangig, wenn ich als Sprachrohr fungiere"*, berichtet Carola.

Das „gedachte Wort" ist dem gesprochenen in mehrerlei Hinsicht um einiges voraus. Das zugrunde liegende Bild, die dazugehörige Empfindung wird unmittelbar mit übertragen – wir „fühlen" viel eher, was gemeint ist, was wirklich in demjenigen vorgeht, der uns etwas mitteilt. Das reduziert Missverständnisse und Fehlinterpretationen ungemein.

Gedanken lügen nicht. Wenn Sie einen empfangen, können Sie unbenommen davon ausgehen, dass es die „Wahrheit" ist, die Ihnen übermittelt wird. Sie können wohl das eine denken und das andere sagen – aber Sie können nicht etwas denken und das Gegenteil davon übermitteln. Carola Lind geht noch einen Schritt weiter: „Tiere sind ehrlich. Sie lügen niemals."

Telepathie ist eine Art universelle Sprache, die sich mit Vokabeln und Grammatik nicht aufhält. Es sollte uns daher nicht befremden, wenn wir Mitteilungen von Tieren empfangen, die eindeutig als „Wort" bei uns ankommen. Oft sind sogar erstaunliche, fast philosophische Gedanken darunter, einige Tiere scheinen wahre Dichterseelen zu sein. Aber warum ist es für uns so befremdlich, zu erfahren, dass auch Tiere eine eigene Sichtweise haben? Natürlich sollten wir darüber nicht vergessen, dass ein Pferd immer ein Pferd bleibt und demzufolge auch nicht menschlich denkt, sondern eben wie ein Pferd – aus seinen naturgegebenen Wirklichkeiten heraus. Nichtsdestotrotz staunen wir über so manchen tierischen Gedankengang – manchen traurigen Pferdetraum, manche Erinnerung oder manche fast schon hellsichtige Vision. Schieben wir unsere Befremdlichkeit zumindest so lange zur Seite, dass wir unvoreingenommen und offen HÖREN können. Bewerten können wir dann immer noch. Dafür sind wir Mensch. Mit Sicherheit haben wir einen anderen Intellekt. Aber jedes Wesen lebt in seiner eigenen Vorstellungswelt, die ebenso individuell wie unbedingt real ist – für eben dieses Wesen.

Was immer uns ein Pferd zu sagen hat, muss uns bestimmt keine Angst machen, nur weil es ungewohnt ist. Hüten sollten Sie sich einzig vor unseriösen Scharlatanen, die ihren Vorteil durch geschickte Nachfragen und eine schnelle Auffassungsgabe nähren und Sie mit aus der Luft gegriffenen, nicht beweisbaren Allerweltsaussagen oder horoskopartigen Allgemeinplätzen füttern. Ihr Pferd wird sich mit Sicherheit nicht mit der Relativitätstheorie, der amerikanischen Wirtschaftspolitik oder BSE auseinander setzen. Selbst abstrakte Gedanken haben in aller Regel immer noch mit der persönlichen Erfahrenswelt des Pferdes zu tun. Es wird sich im Rousseauschen Sinne des Edlen Wilden eher naiv, kindlich, vielleicht sogar eigentümlich ausdrücken und zu den Dingen äußern, die es primär und aktuell beschäftigen. Elementare Dinge zumeist. Das, was jetzt gerade wichtig ist für sein Befinden: Futter, Wasser, Behaglichkeit im Stall, allgemeiner Wohlfühlfaktor, Besitzer, Ausrüstung, Bewegung, Gesundheit, Weidegefährten. Allerdings haben Tiere offenbar einen anderen Zeitbegriff als wir Menschen.

In diesem Buch sind Schilderungen von Pferden dokumentiert, die fast schon poetischen Charakter haben, zumindest von reflektierendem Bewusstsein zeugen.

Wer nun unkt, warum die denkende Intelligenzbestie Pferd dann nicht die Krone der Schöpfung an sich reißt, enttarnt sich jedoch selbst. Das Pferd lebt in seiner Welt, genau wie der Mensch in einer anderen lebt. Auch wenn es hier ganz sicher Schnittmengen gibt, so hat ein Pferd mit Sicherheit kein Interesse daran, eine saftige Weide mit einer Computertastatur zu tauschen. Wenn wir mit Pferden kommunizieren wollen, müssen wir lernen, wie ein Pferd zu denken, uns in die Pferde hineinzufühlen. Nicht umgekehrt. Wir sollten ihre Intelligenz deswegen noch lange nicht unterschätzen.

Dr. Evelyn Hanggi konnte unter anderem beweisen, dass Pferde durchaus in der Lage sind, Farben zu sehen und zu unterscheiden. Was jedoch noch viel spannender ist: Sie fand heraus, dass Pferde komplexe Lern- und Denkaufgaben lösen können, die eine Intelligenz, vergleichbar mit der von Schimpansen und Delfinen, voraussetzen.

Und was hat das mit Telepathie zu tun? Nun, wir sollten auch unsere eigene Intelligenz nicht ausschalten, wenn wir den sechsten Sinn einschalten. Wenn ich es mit einem Pferd zu tun habe, das schweißnass und aufgeregt in der Box auf und ab tigert, muss ich keine Telepathie bedienen, um eine zutreffende Aussage über den Zustand des Tieres machen zu können. Gebrauchen Sie Ihren gesunden Menschenverstand. Tun Sie das Naheliegende. Wenn Sie

Durst haben, trinken Sie und konzentrieren sich nicht stattdessen darauf, das Signal des Körpers zu ignorieren.

Vernünftig angewandt sind Telepathie und Empathie immer wertvolle Helfer. Sie ersparen Ihnen keine einzige Reitstunde, nicht die Lektüre jeder Menge Fachbücher oder den Rat erfahrener Pferdemenschen und viel, viel Zeit mit Ihrem Pferd, um es kennen zu lernen. Sie kommen auch nicht darum herum, den Tierarzt oder einen guten Heilpraktiker zu rufen, wenn Ihr Pferd krank ist. Aber vielleicht entwickeln Sie ein Gespür dafür, eine Botschaft des Pferdes zu empfangen, wo der Schmerz seine Ursache hat, wo das Problem wirklich sitzt.

Der sechste Sinn kann ihnen ein sensibles Instrument, eine Art unterstützendes Feinmechanikerwerkzeug werden, das wertvolle zusätzliche oder aber ganz neue Blickwinkel auf die wunderbaren Geschöpfe ermöglicht, die uns Menschen so viel geben können. Wir müssen sie nur lassen …

## Comets Geschichte

*„Eine andere Sprache ist auch gut. Ich verstehe auch eine andere. Ich mag hohe Hügel. Ich mag Herausforderungen in meinem Geiste ebenso sehr wie Stille und Frieden. Es kann sein, dass ich das Bedürfnis nach ungestörter Ruhe in meiner Ecke habe. Ruhe vor allem An-mir-Herumgefingere.*

*Heilende, ruhige Hände sind gut. Kalten, flüchtigen Händen, die außerdem zu sauber, zu reinlich sind, möchte ich nicht begegnen.*

*Ich muss alles sehen. Alles was passiert, alles was zu hören ist, alles was gesehen wird, um mir eine Meinung bilden zu können. Wenn nicht, so schwächt das meine Sinne, meinen Verstand.*

*Der Instinkt ist groß. Eltern wundern sich über mich, starren mich an, mein Aussehen, meine Farbe, mein Geschlecht, meine Augen. Können die nicht an einer anderen Box abhängen?*

*Ich kann mich in mein Innerstes zurückziehen und mich fragen, ob Dinge Wirklichkeit sind. Es fällt mir leicht zu träumen. Da träume ich von der Schaukel am See, der am Fuß des Berges liegt, und das Gras dort ist das grünste, das es gibt. Jetzt ist es Nebel für mich.*

*Hier in der Wirklichkeit habe ich all die Ausrüstung, die gebraucht wird. Vielleicht ein weicher Beinschutz, der die Stöße besser abfängt?*

*Ich klettere jetzt gerne. Gerne viel.*

*Arbeiten an der Doppellonge, gewöhne mich an Dinge, zeige sie mir.*

*Kleine Dinge ohne Wert werden für mich wertvoll. Denn ich schätze sie, indem ich mich auf alles aufmerksam mache, was ich sehe, was ich weiß.*

*Die Düfte um verschiedene Laute herum sind interessant.*

*Morgendämmerung und Sonnenuntergang heiße ich willkommen. Das ist die Zeit zwischen ereignislos und wertlos. So empfinde ich es manchmal.*

*Ich möchte glücklich sein. Bin es meistens auch.*

*Ich habe Löcher empfunden. Lange schwarze Löcher, einfach wertlos.*

*Ich habe im Wind die neue Zeit gesehen, die mehr Probleme mit sich bringt, aber sie wird positiv sein …*

*Ich möchte dabei sein und etwas leisten. Ich möchte froh sein. Bin es meistens.*

*Ich erfülle nicht alle Ansprüche. Ich brauche Zeit, mich zu entwickeln, zu gesunden, aber ich stelle selbst hohe Ansprüche an mich.*

*Klein und einsam im Inneren.*

*Die Vögel zeigen den Weg. Die respektiere ich.*

*Die Elternlosen verstehe ich.*

*Mein Frauchen hat Instinkt. Ein starkes Mädchen. Lauter starke Frauen in der ganzen Verwandtschaft. Schwache Löcher im Inneren mit Intuition, Einfühlungsvermögen und Gespür.*

*Sie weiß schon viel, wenn nicht alles.*

*Kleines Mädchen im Schatten. Bring die Schönheit ins Licht hinaus und lass sie Luft atmen mit dem Eindruck von Mut.*

*Ich versuche, ihr Lebensfreude zu zeigen. Versteht sie das? Sie wird eine starke Frau mit vielen Kindern werden.*

*Die Box ist klein, aber stellt mich nicht um. Ich möchte mehr Zeit im Wald verbringen. Am liebsten jeden Tag.*

*Das Leben geht weiter. Jetzt habe ich Hoffnung, genau wie ihr.*

*Vergesst nicht – wir helfen einander.*

*Ihr gebt mir genauso viel."*

Das hat ein Pferd gesagt. Der Welsh-Cob-Wallach Comet. Er gehört einem Mädchen namens Susanna Larsdotter aus Halmstad.

Carola Lind hat es so Wort für Wort protokolliert.

Comet ist sieben Jahre alt und in einer Reitschule eingestellt. Auf dem Gestüt, wo er gezogen wurde, gab es einen Pferdepfleger, der aus dem Baltikum stammt und nur Baltisch spricht. So erklärt sich Comets erste Äußerung. Carola wusste das nicht. Ich habe es erst durch Nachfragen bei der Besitzerin erfahren. Auch, dass es tatsächlich ein Problem damit gab, dass jede Menge Eltern von Reitschülern ständig bei Comet stehen blieben und „glotzten" – und dem hübschesten Pony des Betriebes keine Ruhe ließen, das ausgerechnet Ruhe am nötigsten brauchte.

Die Tierdolmetscherin wurde gerufen, weil es Comet bereits eine Zeit lang schlecht ging, er „unlustig" war und niemand den Grund dafür finden konnte. Mittlerweile geht es ihm schon viel besser. Die Beinschoner wurden übrigens umgehend gekauft.

Und jetzt sind Sie vielleicht als Erstes neugierig zu erfahren, wer diese Frau überhaupt ist und wo sie herkommt, oder?

## Carola Lind – wer ist das eigentlich?

Jemand sagte einmal über Telepathie: „Es gibt keine dafür besonders Erwählten, aber es gibt solche, die ihre Lebensaufgabe darin gefunden haben." Zu denen gehört Carola Lind – und dazu kommt, dass sie ihr Leben den Pferden verschrieben hat.

Telepathie ist für sie ein Baustein im Gesamtgerüst, nicht mehr – und völlig normal. Unspektakulär. Selbstverständlich. Sie hatte es wahrscheinlich sehr viel leichter als wir, Telepathie zu erlernen und zu trainieren, aber sie musste auch einen Preis dafür zahlen. Der Vater verschwand früh von der Bildfläche, die Mutter war siebzehn, als Carola geboren wurde, überfordert, suchtkrank. Bis Carola fünf Jahre alt war, lebte sie bei der Großmutter. „Da beschloss meine biologische Mutter, ‚richtig' Mama zu werden." Sie hatte den Absprung geschafft, war und blieb drogenfrei.

Das Kind zog also abrupt aus der Geborgenheit bei Oma zur Mutter und ihrem neuen Lebenspartner, dem Stiefvater:

*„Zweisamkeit, Paarleben war ich nicht gewöhnt. Vermutlich war ich ziemlich geschockt über das freie Auftreten der beiden, die in den wilden 6oern aufgewachsen waren."* Wild war die Zeit wohl wirklich, die folgte. Die älteste Tochter stand meist wenig mehr als einen Fußbreit neben der berüchtigten schiefen Bahn. Halt und Anker waren die Tiere. *„Meine Mutter respektierte Tiere zweifellos mehr als menschliche Wesen. Ich habe eine harte Schule durchgemacht, was das angeht. Meine Mama, die Tierretterin. Da konnte alles passieren, und das tat es auch. Auch mein Stiefvater musste einiges mitmachen. Er war Bautischler und legte sich jeden Abend, wenn er nach Hause kam, erst einmal in die Wanne. Danach konnte man ihn ansprechen – vorher ließ man ihn besser in Ruhe. Eines Tages hatte Mama eine angefahrene Sturmmöwe mit gebrochenem Flügel von der Straße aufgesammelt. Nachdem sie diverse Handbücher studiert und die Möwe selbst befragt hatte, was die sich so wünschen würde, schuf sie im Badezimmer eine möglichst naturgetreue Umgebung. Das Resultat war eine Sturmmöwe in unserer Badewanne, mit großen Kullersteinen und totem Hering – hübsch darauf drapiert und im Wasser treibend.*
*Als mein Stiefvater nach Hause kam, wollte er natürlich so wie immer gleich in die Wanne. Dem Ritual entsprechend sagte er nicht viel mehr als ein gemurmeltes ‚Hej!' als er zur Tür hereinkam. Wir Kinder hatten keine Chance, irgendwas zu sagen – und in derselben Sekunde, als Mama aus dem Garten kam, hatte unser Vater das Bad schon betreten. Was er so an Worten losließ, kann man bestimmt in keinem schwedischen Wörterbuch nachschlagen. Wir Kinder rannten null komma nix hoch in unsere Zimmer – während Mama so einiges zu erklären hatte. Schlagfertig wie sie ist, machte sie ihm klar, dass es jetzt eben für ein paar Tage nur Katzenwäsche am Waschbecken geben würde, bis die Möwe wieder gesund sei. Aber da hatte sie die Rechnung ohne meinen Stiefvater gemacht.*
*Ausnahmsweise gab meine Mutter trotz vieler Wenn und Aber schließlich nach. Sie setzte die verbandumwickelte Sturmmöwe ins Hundezim-*

*mer – und da wohnte Kajsa, bis sie wieder gesund war. Das Badezimmer wurde nicht noch einmal besetzt. "*

In diesem Arche-Noah-Haushalt wurde der Grundstein gelegt, für Carola Linds heutige Fähigkeiten. Das Wissen wurde ihr nicht unbedingt sanft in die Wiege gelegt. *„Ich wurde hart gedrillt, bis ins kleinste Detail, wie Tiere funktionieren, leben, denken, fühlen, kommunizieren. Hausaufgaben, Schule, Klassenkameraden, Kleider, alles, was für ein junges Mädchen normal ist, wenn es aufwächst, verschwand in die Peripherie. Denn meine Mutter fand, dass Tiere, insbesondere ihre Hunde, das absolut Wichtigste auf der ganzen Welt waren. Sie gingen immer vor. IMMER. "*

Im Vergleich zu den anderen Kindern, später Teenagern empfand sie sich einfach „unglaublich anders":

*„Zu Hause lebten und sprachen wir ja nicht nur mit Tieren, die wir respektierten, sondern sogar mit ‚Gespenstern‘. Unsere Wohnungen waren immer heimgesucht, das zeigte sich ständig mit großer Deutlichkeit. Ich lernte, mit denen ‚von der anderen Seite‘, aus dem Jenseits, Kontakt aufzunehmen – und vieles mehr. Ich lernte, wie es ist, wenn jemand stirbt, wenn Tiere sterben. Wie sie sich fortpflanzen, wann, wie, warum. Wie sie gebären, wie man Geburtshilfe leistet, wie man mittels Bildern kommuniziert, wie man in der Gemeinschaft der Tiere denkt und vieles mehr. Ich lernte, wie man innerhalb der Familie durch Telepathie miteinander Kontakte hält, damit man immer aufeinander aufpassen kann. "*

Carola ist in eine vielleicht etwas überspannte, aber ganzheitliche Welt hineingewachsen. Eine Welt, in der Tiere und Menschen keine Gegensätze sind, Leben und Tod ein Kreislauf – nicht tabuisiert, entfremdet, sondern rund. Mit dem Kosmos im Einklang, lax ausgedrückt. Und sicher auch mit all den größeren und kleineren Überdrehtheiten und Versponnenheiten konfrontiert, die in einen zünftigen Späthippiehaushalt gehören – ganz abgesehen von Brennnesseltee, Kräuterkunde und Problemkerzen …

*„Eines Morgens saß unser Stiefvater am Frühstückstisch und betrachtete eingehend den Busen meiner Mutter. Wir Kinder grinsten mit gesenkten Köpfen auf unsere Teller mit Haferflocken und Dickmilch. Da bemerkte meine Mutter den Blick und rief plötzlich aus: ,Was starrst du denn so, zum Teufel?' ,Ja', sagte Micke, ,du hast da so komische Beulen an der Brust!' ,Ach so', erwiderte Mama. ,Die hier meinst du?!' – und zog ein Vogeljunges von der einen und einen Hundewelpen von der anderen Seite hervor.*

Anekdoten zum Schmunzeln – für Carola und ihre beiden Geschwister gehörten sie zum Alltag, zum ganz normalen Wahnsinn bei Doolittles zu Hause. Ganz zu schweigen vom Umgang mit übersinnlichen und außersinnlichen Wahrnehmungen.

*„Ich dachte, dass all das ein ganz normales Phänomen in allen Familien ist, aber natürlich entdeckte ich ziemlich schnell, dass das eben nicht so war."* Schon am ersten Schultag hat Carola zum ersten Mal erfahren, dass Kommunikation mit Tieren, auch mit Menschen ohne Worte zu reden, eben nicht selbstverständlich ist. Da begann ein regelrechter Spießrutenlauf. Sie war der Sonderling, ein Außenseiter, beschützte die kleine Schwester, die als Einzige das Wissen und die Gaben teilte. Schule fand auch daher bald ziemlich häufig ohne Carola statt. Gelernt hat sie zu Hause, bei den Tieren, am liebsten bei den Pferden. *„Wenn ich nicht in die Reitschule konnte, bekam ich heftige Magenschmerzen"*, erinnert sie sich. Und dass sie mit sechzehn *„so ausgezehrt war, total ausgebrannt."*

Jahrelang hatte sie sich um die Familie gekümmert; gekocht, geputzt, Haushalt und Garten in Schuss gehalten, „Mamas" Tiere versorgt, statt etwas mit Gleichaltrigen zu unternehmen. Dann bekam sie plötzlich Anschluss, fand eine Freundin in der Parallelklasse, die ältere Freunde hatte, in einer nahe gelegenen Stadt wohnte.

*„Es war wunderbar, dort sein zu dürfen. Ich habe meine Mutter beschwatzt, sooft ich konnte. Einen Monat vor meinem siebzehnten*

*Geburtstag bin ich ausgezogen. Mama hatte eine wunderbare kleine Wohnung für mich gefunden, genau in der Stadt, wo meine Freunde lebten. Jetzt sollte das wahre Leben beginnen! Vier Jahre lang beschäftigte ich mich überhaupt nicht mit Tieren. Ich fühlte eine totale Leere in mir. Und als ich zwanzig Jahre alt war, kaufte ich meinen ersten Traber als Reitpferd. Das vollkommene Glück! Er war natürlich total unmöglich, weil ich ja auch keine größere Ahnung speziell von Trabern hatte. Aber hier hatte ich also wirklich die Chance, zu lernen. Und gelernt, das habe ich! Viele Jahre und Reittraber später bin ich froh, dass ich genau dieser Rasse verfallen bin. Da ich immer mit Tieren kommuniziert habe, ist mir auch immer alles ziemlich gut mit meinen Pferden geglückt."*

Wermutstropfen waren allerdings chronische Schmerzen, unter denen Carola schon als Elfjährige zu leiden begann. Heute schätzt sie die Schmerzen als psychosomatisch ein und hat gelernt, damit umzugehen, sie anzunehmen.

*„Damals, vor vielen Jahren, als ich wieder anfing zu reiten, konnte ich selbst noch nicht so viel gegen meine Schmerzen tun. Darum begann ich eine eigene Reitweise zu entwickeln, die darauf beruht, das Pferd durch und mittels Gedanken zu reiten. Heute übe ich das in hohem Grad aus und unterrichte es auch. Es geht darum, das Pferd in Versammlung zu reiten, ohne dabei äußerlich einzuwirken. Eine fortgeschrittene Reitweise, die schlussendlich alles viel einfacher macht.*
*Aus meiner Jugend und all dem, was ich in mir gespeichert habe, habe ich vieles mitgenommen, was ich andere lehren kann. Wie man sich zum Beispiel vor unerwünschten Menschen oder Situationen schützen kann.*
*Ganz bürgerlich machte ich unter anderem eine Friseurausbildung, arbeitete in der Altenpflege, Gastronomie, als Fotomodell für Frisuren und Kleider, ich studierte zwei Jahre lang Kunst und Fotografie in Kristianstad. Dazwischen und parallel arbeitete ich oft als Pferdepflegerin, machte Praktika in verschiedensten Reitbetrieben und nahm an allen möglichen Pferdeseminare teil.*
*Während all dieser Jahre war ich immer wieder wegen meiner Muskel- und Gelenkschmerzen krank geschrieben – manchmal bis zu ein Jahr*

lang. Dann verbrachte ich einfach nur Zeit mit meinen Pferden und lernte sie in- und auswendig kennen.

Bisweilen lebte ich tief in einer Traumwelt. Ich entwickelte eine Methode, diese meine Welt auch ,draußen' entstehen zu lassen. Ich spielte mit geistigen Energien und fand heraus, dass ich Situationen visualisieren konnte, die sich dann so ereigneten. Ich konnte mit meinen Gedanken Menschen dazu bringen, das zu tun, was ich wollte. Für solche Dinge bin ich in eine perfekte Schule gegangen – meine Jugend war sehr lehrreich. Diese Kurse nenne ich heute ,Frauenentwicklung', und merke, dass wir großen Bedarf daran haben, uns in Bereichen wie Visualisieren, mentales Training und geistige Energien zu schulen. Wenn unsere Tiere erkrankten, hielt meine Mutter sie nahe bei sich, bis sie wieder gesund wurden. 1997 entwickelte ich meine eigene Healingform, OKIDU. Ich wurde auf medialem, geistigem Weg in dieser Kunst ausgebildet. Ich bin stark medial veranlagt, hellsichtig und habe Kontakt mit verschiedenen Guides, himmlischen Helfern. Gerade Healing (eine Form des Geistheilens) war sehr stark, als es kam. Während einer Nacht bekam ich alle Information, schrieb sie auf und mittlerweile lehre ich dieses schamanische Heilen in drei Stufen. Ich habe ein starkes Vermögen, Dinge über meinen Körper zu fühlen. Nehmen wir zum Beispiel ein Pferd: Mit meinen Fingerspitzen kann ich fühlen, wie es mit den inneren Organen, dem Fohlen, dem bakteriologischen Gleichgewicht aussieht. Ich kann einem Pferd sein Potenzial ansehen, wie gut sich seine Muskeln entwickeln werden. Und ich weiß, wie sich die Muskelstränge anfühlen müssen – jeder einzelne. Ich weiß, wie die Wirbel liegen müssen und wie ich das Pferd dehnen muss, damit sich Wirbel und Hüfte korrigieren. Ich kann einem Pferd in Bewegung ansehen, wo genau der Fehler sitzt. Nach meiner Erfahrung gibt es in 99 Prozent aller Fälle Probleme. Wenn ich mir Pferd und Reiter ansehe, kann ich genau sagen, was es für Mängel sind, wie man ein besseres Zusammenspiel erreichen kann.

Ich werde ständig mitgenommen, wenn es um Pferdekauf geht, und viele Verkäufer kratzen sich am Kopf, wenn ich all das entlarve, was sie natürlich nicht erzählen wollten.

Zusammenfassend kann ich eigentlich nur sagen, dass ich einfach eine hyperfeinfühlige Person mit dem ,gewissen Gespür' bin."

## Wie sieht es aus, wenn sie mit Pferden spricht?

Schauen wir uns Carola Lind und ihre Arbeit mal aus der Nähe an.

Wie sieht es aus, wenn sie mit Pferden kommuniziert?
Intuition und ein ausgeprägtes Fingerspitzengefühl, jede Menge Pferdeverstand und Erfahrung sind ihr Handwerkszeug. Zum „Komplettpaket" ihres Besuchs gehört auch und in erster Linie der Gesundheitscheck: Hat das Pferd Verspannungen? Rückenprobleme? Geht es lahm oder steif unter dem Reiter, hat es Bewegungsprobleme?
Sie hört sich an, was die Besitzer zu sagen haben – mehr aber noch, was die Pferde selbst sagen. Zu Beginn der Behandlung möchte sie nur Namen und Alter des Pferdes wissen, um sich nicht beeinflussen zu lassen. Was das Tier selbst körperlich und geistig mitteilt – die direkte Quelle –, ist ihr Information genug. Sie lässt sich den vierbeinigen Patienten auf der Stallgasse oder an der Longe vorführen, tastet ihn ab, streichelt, fühlt, massiert, zieht, biegt und schiebt – und führt schließlich mit speziellen Stretchingbewegungen Bänder und Sehnen wieder an Ort und Stelle, bringt verdrehte, blockierte Wirbel auf den Weg in die richtige Lage.

*„Mindestens neunzig Prozent aller Probleme mit dem Bewegungsapparat haben ihre Ursache im Rücken – im Beckenbereich, präzise gesagt. Verschobene Wirbel beeinflussen natürlich Haltung und Bewegungsabläufe. Bei den allermeisten Pferden sehen die Hüften schief aus (Probleme mit dem Iliosakralgelenk, dem so genannten Kreuzbein-Darmbein-Gelenk, sind dafür die Ursache) oder sind Hals- und Nackenmuskulatur völlig verspannt (meist Dressurpferde!). Pferde kompensieren oft die Schiefe oder Haltungsschäden ihres Reiters und bekommen dadurch selbst Probleme! Etwa siebzig Prozent aller Dressurpferde haben Verspannungen im Nackenband, weit weniger Springpferde. Bei Trabern oder Zugpferden allgemein gibt es in diesem Bereich nie Probleme. Fast immer gibt es allerdings bei allen Rassen ein Problem in den Knien. All die Jahre, die ich mit Pferden arbeite, habe ich nur zwei Pferde behandelt, die korrekt liegende Kniebänder an der Hinterhand hatten."*

Das kann sogar dazu führen, dass sich die Kniescheibe festhakt oder herausspringt. Die Kniescheibe wird von drei Bändern, dem inneren, mittleren und äußeren Kniescheibenband gehalten. Durch Riss oder Dehnung nach außen verrutschte Bänder verursachen ein knarrendes Geräusch. Darüberhinaus lässt die Kniemuskulatur bei fast allen Pferden zu wünschen übrig. Ein verspannter Hals, bei dem womöglich nicht nur die Muskeln, sondern wirklich die Wirbel selbst in Mitleidenschaft gezogen sind (was häufig die Folge chronischer Verspannungen ist), kann die Bewegungsfähigkeit bis zur Unreitbarkeit beeinflussen: Stolpern, unsichere Vorderbeine haben erschreckenderweise oft unerkannt hier ihre Ursache! Ein erschütterndes Resümee.

Der Erfolg einer physiotherapeutischen Behandlung ist dagegen meist direkt sichtbar: Die Besitzer haben entspannte, lockere, losgelassene Pferde vor sich, die fast beschwerdefrei ihren Schwung wiederfinden. Manchmal ganz vorsichtig und erstaunt offenbar, dass plötzlich der Schmerz weg ist – oder zumindest schon nach der ersten Behandlung erheblich gemindert. Es empfiehlt sich immer, nach einigen Wochen eine Nachbehandlung vornehmen zu lassen. Und vor allem: Massieren Sie auch selbst, machen Sie regelmäßig Dehnübungen. Wir reden hier von nichts anderem als Krankengymnastik für Ihr Pferd. Sie wissen vielleicht von sich selbst, dass nur die Regelmäßigkeit etwas bringt!

Manchmal kommt es auch zu absoluten Überraschungen: wenn die Pferdebesitzer wegen eines augenscheinlichen Rückenproblems bereits von Pontius zu Pilatus gelaufen sind, diverse Sättel, Rosskuren und Equitherapeuten ohne Erfolg verschlissen haben – und Carola ihnen dann auf den Kopf zusagt:

*„Ihr Pferd hat ein Nierenproblem. Eine verschleppte, nicht erkannte Blasen- oder Nierenentzündung ist viel häufiger, als man meint. Meine Pferde bekommen das ganze Jahr über vorbeugend Zitronensaft. Der stimuliert die Nierenfunktion. Ob frisch ausgepresst oder aus der Flasche spielt dabei keine Rolle. Ich habe sehr gute Erfahrungen mit dreiwöchigen Kuren gemacht: Täglich sieben, acht Esslöffel Zitronensaft unters Kraftfutter gemischt – das kann Wunder wirken.“*

Carola sagt, sie fühlt in ihren Händen, in den Fingerspitzen, wo das Problem sitzt. Außerdem kommuniziere sie die ganze Zeit über mit ihrem vierbeinigen Patienten, fragte das Pferd direkt: Welches Bein zuerst? Ist das gut so? Reicht es hier? Pferde wüssten sehr viel besser Bescheid über ihren eigenen Körper als Menschen, sagt sie. Und dass sie ihr oft genug sogar exakt übermitteln, wo die Ursache für ihre Beschwerden sitzt. Mancher Tierarzt sei von der Trefferquote schon überrascht gewesen. Ich war es übrigens auch. Nach Carolas „Ferndiagnose" rief ich eine deutsche Physiotherapeutin. Ihre Behandlung zeigte nicht nur großen Erfolg – die Diagnose stimmte obendrein zu hundert Prozent mit der Carolas überein.

Vielleicht hat Carola obendrein so etwas wie „heilende Hände" und die Pferde spüren das? Die Besitzer sind jedenfalls vom Erfolg ihrer intuitiven Massage und der physiotherapeutischen Behandlung überzeugt. Es sind zumeist Stammkunden – und oft genug geschieht es, dass neugierige Zuschauer im Anschluss gleich einen Termin für ihr eigenes Pferd vereinbaren.

Die Neugier treibt die meisten, Carola im Anschluss zum ersten Mal auch mit ihrem Pferd sprechen zu lassen. Sich von ihr erzählen zu lassen, was der Turniersieger, die Zuchtstute, der ewig scheue Wallach des Töchterchens so denkt und zu sagen hat. Oft haben sie auch jede Menge Fragen vorbereitet, schriftlich vorformuliert, was sie schon immer einmal von ihrem Pferd wissen wollten.

Wenn Carola mit Pferden Zwiesprache hält, bittet sie die Besitzer, den Stall zu verlassen oder sich zumindest außer Sichtweise zu begeben. Damit möchte sie ausschließen, dass das Pferd sich durch die Anwesenheit beeinflussen lässt. „Pferd und Besitzer haben eine starke emotionale Verbindung miteinander", erklärt Carola. „Es geht also nicht um meine Ablenkung." In der Tat lässt sie sich nicht aus der Ruhe bringen, wenn fotografiert wird, der Hofhund an ihr herumschnuppert oder nebenan zwei Wallache gegen die Boxenwände bollern. Mit Schreibunterlage, Block und Stift setzt sie sich zum Pferd in die Box oder davor, schaltet ab, konzentriert sich – dann flitzt der Filzer los. „Ich schreibe automatisch mit, was mir das Pferd

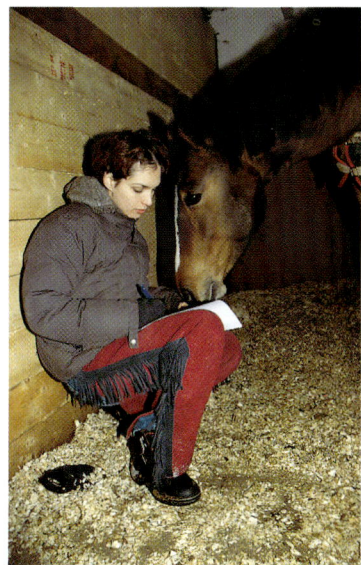

Mit allen Sinnen kommunizieren: Carola Lind und Karin Müller

Manche Pferde haben viel zu sagen – egal ob groß oder klein:
Die Tierdolmetscherin mit den Stuten Mimi (o.) und Geisha (u.)

Mehr Harmonie und Verständnis durch Telepathie. Der sechste Sinn ist eine universelle Sprache, die ohne Worte auskommen kann.

*mitteilt. Es übermittelt mir Bilder und Worte, die ich innerlich, vor
meinem geistigen Auge, sehe und höre. Es ist ein richtiger Redefluss, den
ich nicht unterbrechen darf, damit er nicht abreißt. Oft geht es so schnell,
dass ich erst, wenn ich alles anschließend den Besitzern vorlese, selbst
mitbekomme, was ich aufgeschrieben habe."*

Etwa eine Viertelstunde sitzt Carola so, schweigend, geistig mit dem
Pferd verkoppelt da und schreibt und schreibt. Seitenweise. Ohne
Zensur. Egal, wie kalt es ist. Ob belanglos oder wichtig, nachvoll-
ziehbar oder Nonsens – das vermögen nur Pferd und Besitzer zu
beurteilen.

Anschließend haben die Besitzer Gelegenheit, ihrem Pferd vorberei-
tete oder spontan ergänzte Fragen zu stellen. Bis zu dreißig Stück.
Carola dolmetscht. Nach einer, längstenfalls anderthalb Stunden
muss Schluss sein. Mehr würde Pferd und Mensch überanstrengen.

Manchmal sieht sie sich sogar gezwungen, Worte zu protokollieren,
deren Sinn sie nicht einmal kennt.

*„Da werfen Pferde mit regelrechten Fachbegriffen oder Fremdworten um
sich, die ich später nachschlage und verblüfft feststelle: Das gibt es wirklich. Ich habe auch schon erlebt, dass der Gedankenstrom abriss, weil ich
darüber nachgedacht habe, dass eine Schreibweise, die mir ein Pferd vermittelt hat, doch von der Rechtschreibung her falsch ist. Dann ist sofort
Schluss."*

## Was Arne zu sagen hatte

*„Ich will keine schmutzigen Sachen an mir haben. Will saubere haben.
Ungewaschen ist eklig. Das, was auf der Weide hochspritzt, ist igitt.
Ich will es sauber haben in der Box, eine saubere Krippe. Sauber.
Fettet die Trense ein, wascht das Gebiss.
Ja, für gewöhnlich sind sie ja gründlich.
Frauchen wird leicht müde in den Beinen, sie sollte mehr trainieren. Sie
sollte auf ihre Schultern bedacht sein.*

*Das große Frauchen sollte auf seine Augen und Füße achten.*

*Das große Frauchen mag die kleinen Tiere, die riechen nicht gut.*

*Wir haben viele Vögel. Ich frage mich, wozu die gut sein sollen.*

*Ich mag die große Bürste.*

*Der Mann ist klasse, wenn er froh gelaunt ist.*

*Der Zaun ist ziemlich niedrig.*

*Meine Freunde sind gut, aber ich will sauber sein und eine saubere Decke tragen.*

*Ich mag es zu klettern. Will arbeiten, aber nicht jeden Tag. Schön, manchmal auch einfach nur zu sein.*

*Eklig, wenn sie im Stall essen, das Essen riecht eklig.*

*Ich will das wuschelige Pad unter dem Sattel haben und der schwarze Sattel ist etwas steif.*

*Ich kann richtig gut in Form gehen, durchlässig, mich biegen, aber ich bekomme die Beine nicht richtig mit.*

*Das große dunkle Pferd puscht andere immer auf, das ist total dumm.*

*Ich kann mich manchmal ein bisschen verschmitzt fühlen. Manchmal dreht sich mir alles im Schädel, wenn ich nicht richtig verstehe.*

*Das Haus ist hübsch, es ist hübsch da drinnen. Kann aber unaufgeräumt sein.*

*Manchmal verliert das Frauchen irgendwelche Sachen im Stall. Dann sucht sie. Radio finde ich nur gut, wenn es leise eingestellt ist, und Stress am Morgen ist ätzend. Es ist gut, wenn die Älteren füttern.*

*Ansonsten fühle ich mich wohl."*

Arne ist ein achtjähriger Wallach. Er gehört Cecilia und Gunilla Kyrk aus Kläckeberga. Die beiden sagen rückblickend:

*„Wir waren sehr nachdenklich, skeptisch zunächst: Funktioniert das wirklich? Nachdem uns andere von ihren Erfahrungen erzählt hatten, glaubten wir schon ein bisschen mehr ‚daran'.*

*Nach der Unterhaltung und dem Stretching zeigte sich dann, dass es wirklich funktioniert. Arne erzählte Dinge, die niemand anders hätte wissen können und die Carola nicht raten oder sich aus den Fingern saugen konnte. Zum Beispiel die Sache mit den Vögeln oder mit der Rein-*

heit. *Nach dem Stretching ist der körperliche Unterschied zwischen linker und rechter Seite geringer geworden. Arne hat jetzt deutlich weichere Bewegungen, ist elastischer bei Seitengängen, wenn er sich auf dem Hufschlag biegen soll. Er ist lebendiger, verschmust, wach, aufmerksam, viel mehr als früher, als vor der Behandlung durch Carola.“*

## Christins Erlebnisbericht

Christin Andersson und ihre Eltern aus dem schwedischen Ort Halmstad waren ebenso skeptisch wie neugierig und haben mit ihren Pferden kurz entschlossen die Probe aufs Exempel gemacht:

*„Es war ein Sommertag vor etwa anderthalb Jahren. Meine Mutter und ich kamen an einem Aushang vorbei, überschrieben mit ,Tierkommunikation‘. ,Klasse!‘, sagten wir. Das war etwas, worauf wir immer schon neugierig gewesen waren. ,Drive-in-Plaudern‘ würde wohl nicht so viel kosten – und es war ja genau die Ökonomie gewesen, die uns früher abgehalten hatte. Gesagt, getan, wir machten einen Termin ab. Die Pferde wurden zur Feier des Tages geduscht und geputzt, während mein Vater am Gartentisch saß und versuchte, seine schlechte Laune zu verbergen. ,Jaja‘, lachte er, als er den Transporter anhängte, ,jaja‘…*
*Wir holperten los zum vereinbarten Platz, mit Mamas Traberwallach Knightfly im Anhänger – und trafen eine vollkommen sprachlose Carola. ,Gooooott, wie schön er ist‘, war das Einzige, was sie herausbrachte. Mama hatte ein paar Fragen vorbereitet, nichts Besonderes, sie war hauptsächlich gespannt darauf, zu erfahren, ob Knighter sich wohl fühlte. Und er plapperte nur so drauflos, über dies und das! Mama war so zufrieden, dass nur ihre Ohren verhinderten, dass ihr breites Grinsen einmal rundherum ging. Papa dagegen kniff den Mund zusammen und konzentrierte sich ungewöhnlich stark aufs Fahren.*
*Zu Hause holten wir meinen Traberburschen Lepvolar. Als wir wieder zurück waren, war Carola, wenn das überhaupt möglich ist, noch stiller. ,Da habt ihr also noch einen … noch hübscher … Ist er zu verkaufen?!‘ Da war ich ja schon froh, aber als ich dann auch noch zu hören bekam,*

*dass ich das weichste, biegsamste Pferd des Tages hatte, wurde ich stolz wie ein Gockel. Keine Verspannungen und sehr locker. Leppe erzählte Carola, dass er keine Kinder leiden kann, die im Stall herumschreien. Er hatte nämlich vorher eine Besitzerin mit kreischenden Kindern gehabt. Sie war sehr laut und hatte sehr harte Hände. Sie hatte ständig den Kopf voll und wollte ihn einfach nicht verstehen. Jetzt habe er ein richtiges Zuhause gefunden. Dort würde man ihn so annehmen und schätzen, wie er sei. Dass er mich, sein Frauchen, mochte und die Art, wie ich ihn hegte und pflegte und betüdelte. Aber er verstand nicht, warum er hier war. Er wollte heim und sich auf der Weide wälzen!*

*Das kam natürlich schon alles ziemlich gut. Aber diese Sache mit seiner Exbesitzerin, da weiß ich genau, dass es stimmt. Mein liebes Pferd, das man mit einem Bindfaden ums Maul dirigieren kann, hat sie mit Jagdstange (Kandare) geritten ... Würg!*

*Wir fuhren nach Hause, mit jeder Menge Stoff zum Nachdenken. Papa, dem es glückte, seinen heruntergefallenen Kiefer vom Boden wieder aufzusammeln, sagte auf der Heimfahrt keine einzige Silbe. Nicht einen Laut! Mama bestellte ein Horoskop bei Carola, das übrigens auf Punkt und Komma genau zutraf, aber mehr Kontakt hatten wir fast ein Jahr lang nicht. Damals hatten wir uns gerade eine Traberstute angeschafft, Super Winnie, und wollten mal hören, was sie so zu sagen hatte.*

*Ich trommelte ein paar interessierte Freunde zusammen, die Carola später selbst konsultierten. Alle waren sehr zufrieden und einige wenden sich mittlerweile regelmäßig an Carola.*

*Nun beinhaltet die Konsultation ja auch den physischen Zustand, und das war sehr gut so. Winnie hatte eine schiefe Hüfte, die gerade gerückt wurde, die Kniebänder an der Hinterhand lagen falsch und sie benötigte Zitrone für die Unterstützung der Nierenfunktion, das Ausschwemmen von Bakterien. ‚Hilfe!‘, sagten wir. Aber wir sahen ja den Unterschied am Pferd vor und nach der Behandlung und waren sehr dankbar. Auch Winnie redete munter drauflos und beschwerte sich brüsk, dass wir doch in der Lage sein müssten, verschiedene Halfter auseinander zu halten. ‚Dann beschriftet sie doch!‘ Meine Mutter hatte ein bisschen Stress gemacht und vor der Abfahrt in Gedanken einfach irgendein Halfter gegriffen. Das war nicht Winnies und das wusste sie genau! Außerdem* erzählte sie von kleinen, dicken, ekligen Tieren, die nachts auf dem Hof waren (Dachse), und von schlauen Tieren, die andere auf dem Hof fressen wollten (Füchse/Hühner). Sie mochte es hübsch gepflegt, so wie wir es drin hätten (in unserem Haus), und dass das ja nicht alle auf dem Hof so hielten. Speziell, dass da jemand wohl keinen Bock zu waschen hätte. Da war es die Nachbarin, der die Kinnlade auf den Boden fiel. Die hatte nämlich einen Berg Wäsche bei sich drin und keine ordentliche Waschküche. Darüber grübelte sie am Ende noch tagelang!

Auch Winnie hatte also eine ganze Menge Ansichten über das Leben, Gott und die Welt. Das finden wir spannend und wie gesagt: Wir sind sehr dankbar für all die Hilfe, den Rat und die wertvollen Tipps, die uns Carola gegeben hat. Wir haben dadurch eine tiefer gehende Perspektive darauf erhalten, was Tiere als Familienmitglieder sein können!"

So weit dieser Erfahrungsbericht.

Nicht nur jene drei Pferde wissen die erstaunlichsten Dinge zu berichten, wenn man sich darauf versteht, ihnen zuzuhören. Als ob man einen Schalter umlegt, sprudelt es oft regelrecht aus ihnen heraus. Stichwortartig, schnell, schnell, schnell. Sie scheinen dankbar zu sein, nur darauf gewartet zu haben, all ihre Gedanken einmal loszuwerden. Das ist zumindest Carolas durchgehende Erfahrung. Manchmal ist es schwer, den Besitzern die Protokolle der Gespräche zu entleihen. Viel Persönliches steht darin. Und oft ist es eben nicht nur ein leise spöttelnder Tadel gegen die waschfaule Nachbarin, sondern Kritik an den harten Händen des Reiters selbst. Wer möchte das schon veröffentlicht wissen? Ich denke, es ist uns gelungen, einen repräsentativen Querschnitt von Protokollen und Erfahrungsberichten zusammenzutragen – nicht nur aus Schweden, sondern auch aus Deutschland und Spanien.

Ich weiß nicht mehr, wie viele verschiedene Pferdeställe in ganz Südschweden ich in diesem und im vergangenen Jahr mit Carola auf ihren Hausbesuchen oder besser „Hofbesuchen" gesehen habe. Nicht ein einziges Mal aber bin ich unzufriedenen Besitzern begegnet, die ihr Geld zurückwollten oder nicht glauben konnten, was sie da übersetzt und vorgelesen bekamen.

Unkenrufe, Getuschel und üble Nachrede, dass sie „unseriös sei und nur Geld verdienen wolle", das wird Carola Lind eher „hintenherum" zugetragen. Nicht von Klienten wohlgemerkt, sondern von Menschen, „die wohl einfach Angst vor dem Unbekannten haben. Eine Reaktion, die ich schade finde, aber sogar verstehen kann", sagt Carola.

*„Viele von uns nennen sich pferdekundig. Jeder weiß es besser und am allerbesten, was richtig oder falsch ist für sein Pferd. Aber es schadet nie, sich andere Methoden zu Gemüte zu führen. Natürlich lebe ich nach dem allerallerbesten aller Prinzipien: ,Führ dir ALLE Methoden zu Gemüte, die es überhaupt gibt, aber zieh dir davon nur das heraus, was sich in deinem Herzen gut anfühlt.'*
*Die Wahrheit ist das, was du in deinem Innersten verbirgst, was vielleicht schwer zu verstehen ist, sich aber in deinem Herzen absolut richtig anfühlt.*
*Wenn es sich also für Sie gut anfühlt, dann wenden Sie es an. Wenn nicht, dann lassen Sie es bleiben."*

Diesen Worten Carolas möchte ich mich voll und ganz anschließen. Ziehen Sie sich aus diesem Buch – ziehen Sie aus allen anderen Büchern – den Teil, der für Sie wichtig ist, das, was Sie auf Ihrem eigenen Weg dem Wesen Pferd ein Stück näher bringt. Den Rest vergessen Sie. Das bringt Sie am weitesten.

### Telepathie – was ist das und wo kommt es her?

Eine gängige Definition für Telepathie, die Carola und mir sehr gut gefällt, ist die folgende: „Eine Kommunikationsform zwischen dem Seelensystem verschiedener Individuen ohne Verwendung der bekannten Sinnesorgane."

Telepathie – Gedankenübertragung – ist also eine grundlegende Fähigkeit, die wir alle in unseren Genen mitbekommen haben.

*„Alle haben wir dieses Wissen in unserem Inneren eingebettet. Und alle wenden wir es mehr oder minder an. Manchmal braucht es nur einen Stoß in die richtige Richtung, um dieses Wissen freizulegen, um zu erreichen, dass man es in sich wiederfindet. Es ist keine spezielle Gabe – für die Ausprägung sind einzig Interesse, Umgebung, Veranlagung und Training verantwortlich.*

*Zwischen Geschwistern, Müttern und Kindern, Freunden, Paaren, bei gewissen Menschen spürt man einfach eine starke Verbindung. Dafür gibt es viele verschiedene Beispiele.*

*Einige Naturvölker verwenden Telepathie immer noch als natürlichen Bestandteil ihrer Kommunikation.*

*Es ist nicht merkwürdiger, die Gedanken von einem Tier zu lesen als von einem Menschen, es ist letztlich dasselbe. Und entsprechend sollte man auch ethisch einen Grundsatz befolgen: Natürlich liest man niemals die Gedanken von irgendeinem Wesen ohne vorher um die Erlaubnis und das Einverständnis zu fragen!*

*Und bei Tieren heißt das im Zweifel: den Besitzer fragen."*


Sicher drehen sich die meisten Gedanken der Tiere um das Stillen ihrer Grundbedürfnisse: Futter, Wasser, ein sauberes, trockenes und warmes Fleckchen als Zuflucht, ausreichend Bewegung und Sozialkontakte.

Aber wie wir bereits gesehen haben: Manchmal erfährt man auch Erstaunliches, das weit über Ausrüstung, Stall und Nahrung hinausgeht. Ein paar Vierbeiner scheinen wahre Philosophen zu sein. Aus den Aufzeichnungen von Carola stammen folgende Zitate:

*„Das Licht ist dazu da, zu stärken.*

*Die Dunkelheit ist dazu da, zu heilen.*

*Die Morgendämmerung ist dazu da, aufzuwachen.*

*Der Wind kühlt uns.*

*Das Wasser nährt uns.*

*Das Leben keimt in der Erde.*

*Das Feuer beendet alles."*

(Ein Turnierpony)

„Nur der kann Leittier werden, der das Vermögen hat zu heilen, sich selbst und seine Herde. Bist du selbstzerstörerisch, wirst du nicht mit Respekt behandelt. Du sollst Gutes wollen, zuerst und vor allem für dich selbst, du sollst gut heilen, zuerst und vor allem dich selbst, du sollst Wissen haben, zuerst und vor allem um deiner selbst willen, du sollst bewusst sein, um unser aller willen. Wie atmest du? Versorgst du dich ganz und gar mit Sauerstoff oder nimmst du nur so viel Sauerstoff, wie notwendig ist, um zu überleben?

Ein Anführer kann nur der werden, der heilen kann, sich selbst heilen, mit vollständiger Sauerstoffversorgung. Atme immer den ganzen Weg hinunter und du wirst mit Respekt behandelt."

(Eine Stute, die geschlachtet werden sollte und dies an die werdende Leitstute vermitteln wollte)

„Zweifellos existiert ihr Menschen für uns Pferde, aber ohne uns würdet ihr nicht existieren."

(Ein Warmblutwallach)

„Trink nur Natürliches. Zwing in uns nichts Künstliches mit Zusätzen hinein, wir vernichten uns selbst, was haben wir für eine Wahl, wenn es in die Krippe kommt."

(Trauriges nordschwedisches Pferd, das eine Unverträglichkeit gegen Pellets hatte)

„Wir wenden Worte der Klasse an, um unsere eigentliche Stellung, unseren Rang deutlich zu machen, der leider in der gegenwärtigen Gesellschaft degradiert ist."

(Anonym)

„Schätze mich dafür, wer ich bin, und nicht dafür, wie ich nach deinem Willen sein soll."

(Warmblutstute)

„Das, was ich nicht weiß, existiert nicht."

(Eine Leitstute)

## Chakrakunde, Farben und Gerüche

Wir wollen also lernen, mit Pferden auf eine Art zu kommunizieren, die über das Alltägliche hinausgeht. Dann ist es an der Zeit, uns ein paar Hintergrundgedanken zu machen. Denn dafür müssen wir einiges über ihre besondere Art der Wahrnehmung wissen. Um vollständig verstehen zu können, was Tiere sehen, wenn sie uns anblicken, ist es wichtig, dass wir uns ein Gesamtbild von ihren Wahrnehmungen machen.

Nach Carolas Verständnis legen Tiere ihr Augenmerk nicht nur auf unsere Körpersprache und unseren Körpergeruch.

*„Sie beziehen in ihre ‚Meinung über uns‘ auch die Bilder, die wir im Kopf haben (also das, was wir gerade denken), mit ein – und darüber hinaus auch die Farben, die unseren Körper umgeben, die so genannte Aura.“*

Vielleicht haben Sie schon einmal davon gehört, dass uns eine solche farbige Aura einhüllt. Alle Menschen und Tiere haben diese Aura, ein Energiefeld, das uns umgibt. Die Beschaffenheit dieses Feldes ist davon abhängig, wie es uns geht – körperlich wie geistig. Auf Esoterikmessen findet man mitunter Stände, an denen Aurafotografie angeboten wird. Man mag davon halten, was man will – berücksichtigen sollte man in jedem Fall, dass diese Fotografie immer nur eine eingefrorene Momentaufnahme darstellen wird.

*„Die Aura ist etwas Lebendiges, das sich ständig verändert. Sie ist das farbige Energiefeld, das uns umgibt. Gebildet wird es durch so genannte Chakras. Der Begriff stammt aus der fernöstlichen Medizin. Den einzelnen Chakras werden unter anderem Bezüge zu den verschiedenen Körperorganen und Geisteshaltungen zugeschrieben. Wir werden uns hier mit den sieben geläufigsten Chakrapunkten beschäftigen.“*

Kronenchakra – zugeordnete Farbe: Lila. Sitzt mitten auf dem Kopf, dem Scheitel, Ankopplungspunkt „nach oben“, Sitz unserer Spiritualität.

Stirnchakra – zugeordnete Farbe: Indigo. Sitz von Intuition und telepathischem Vermögen, Kraft des Geistes, „drittes Auge".

Halschakra – zugeordnete Farbe: Blau. Sprachzentrum, Kommunikationsfähigkeit, Inspiration.

Herzchakra – zugeordnete Farbe: Grün. Gefühlsdinge, Herzensangelegenheiten, Zuneigung, Emotionen.

Solarplexuschakra – zugeordnete Farbe: Gelb. „Chefsachen", Durchsetzungsvermögen, Kraft und Ego-Energie, Stärke, Wille.

Bauch- oder Sakralchakra – zugeordnete Farbe: Orange. Verdauung und Verarbeitung von Emotionen, Kreativität, Beziehungen.

Wurzelchakra – zugeordnete Farbe: Rot. Körperliche Liebe, Leidenschaft, Sexualität, Urvertrauen, Sicherheit.

Wenn wir krank sind, wird dies im Farbspektrum und der Ausdehnung der Aura sichtbar: Carola vertritt die These, dass sich dann regelrecht schwarze Punkte im Bereich der betroffenen, dem jeweiligen Organ zugeordneten, Chakrapunkte finden:

„Diese sind für Tiere sichtbar. Vor allem Pferde studieren die Farben der Aura sehr genau und entnehmen diesem Bild, wie es uns geht."

Einen Chakrapunkt beschreibt Carola in Anlehnung an die östliche Esoterik (Kundalini-Yoga) als

„ein rotierendes Rad aus Energie, das Energie aus dem Körper bezieht und an ihn herausgibt. Davon abhängig, wie es uns geht, drehen sich die Räder in unterschiedlichen Geschwindigkeiten. Abhängig davon, wie schnell oder langsam sie sich drehen, geben sie verschiedene Mengen Farbe ab. Dies beeinflusst die Farben der Aura und ermöglicht den Tieren tiefer gehende Einblicke in unser Leben."

Diese Darstellung findet sich in Religionen und Lehren des Fernen Ostens. Im indischen Sanskrit bedeutet Chakra „Rad".

Durch Farben können wir versuchen, den körperlichen wie den geistigen Zustand unserer Tiere – und unseren eigenen – positiv zu beeinflussen: indem wir sie – oder entsprechend uns – ganz simpel mit der dem jeweiligen Chakra zugeordneten Farbe umgeben: Legen Sie einem traurigen Pferd doch einmal eine grüne Decke auf. Umgeben Sie sich mit Blau, wenn Sie kommunizieren wollen. Meist wissen die Tiere selbst, welche Farbe gut für sie ist. Ein frisch gelegter Hengst wird allerdings mit Sicherheit Rot fordern. Das sollten Sie nicht unbedingt unterstützen, wenn Sie seine Hengstigkeit nicht auch noch nach der Kastration fördern wollen.

Warum ist wohl die traditionelle Farbe in Bordellen Rot? Warum ist rote Unterwäsche so sexy? Machen Sie sich mal den Spaß und sehen Sie in Ihrem eigenen Kleiderschrank nach, welche Farben da überwiegen. Wie Sie Ihre Wohnung gestrichen haben. Sie sollten jetzt nicht daran gehen, alle Möbel neu zu kaufen und komplett umzudekorieren, wenn Sie das Gefühl haben, es fehlt etwas. Ein paar Gardinen oder Kerzen in den entsprechenden Farben können Wunder wirken. Und noch ein Tipp von Carola:

„Bei einem Vorstellungsgespräch sollten Sie niemals Gelb tragen. Ihr potenzieller Chef wird Sie sonst aller Wahrscheinlichkeit nach unbewusst als Konkurrent wahrnehmen und nicht einstellen. Ein bisschen Grün dagegen gibt Ihnen Sympathiepunkte, Blau fördert Ihre Kommunikationsfähigkeit."

Das nur am Rande.

Aber die Aura, die Chakras und ihre Farben sind natürlich nicht die einzigen Aspekte, nach denen Tiere uns beurteilen.

Einige mögen in unseren Augen recht profan sein. Tiere sind sehr sensibel für unseren Körpergeruch. Das sollte man allerdings nicht allzu sehr vermenschlichen. In erster Linie geht es Tieren da nicht um Körperhygiene nach unseren Maßstäben. Sicher wird zu viel Parfüm oder ein fieser Schweißfuß einer feinen Hunde-, Katzen-, oder Pferdenase noch viel schneller gegen den Strich gehen als unsereinem. Aber entscheidender für ihre „Meinung" sind andere Riechfaktoren.

*„Wenn wir krank sind, riechen Tiere das ebenso, wie wenn wir gestresst sind. Und ob unser Schweiß mit Angst oder Nervosität einhergeht – da machen wir ihnen auch kein X für ein U vor.*
*Das Übelste, weil Unheilbringendste, was ein Tier kennt, ist der Geruch nach Krankheit, und gleich danach kommt der Geruch nach Stress. Es kann passieren, dass ein Tier darauf ablehnend, mit Ignoranz oder sogar mit Wut reagiert. Ihrem Instinkt gehorchend, wollen Tiere sich nicht mit Krankheit umgeben."*

Das einzige Tier, das den Geruch von Krankheit angenehm empfindet, ist die Katze – sagt Carola Lind:

*„Katzen helfen anscheinend gern, Menschen zu heilen. Sie sind voller positiver und heilender Energie, von der sie gern abgeben."*

Vielleicht haben Sie sich schon mal gewundert, warum Katzen ausgerechnet die Nähe von Menschen zu suchen scheinen, die gegen sie allergisch sind – oder im übertragenen Sinn allergisch auf sie reagieren: mit Angst, Unwillen oder sogar Hass. Carola Linds lakonische Erklärung: „Du brauchst mich gerade und trotzdem!", sei ein typischer Katzengedanke in einer solchen Situation.
Es wäre zumindest eine plausible Erklärung für manch sonderbares Katzenverhalten gegenüber gewissen Menschen, auch das von meiner eigenen.

# Telepathie lernen Schritt für Schritt

## So lange Sie noch kein Meister sind …

Worte, Sprache, Kommunikation – das Bedürfnis, sich mitzuteilen – sind kein Privileg des Menschen. Wir spüren es deutlich auch bei unseren Tieren. Ich habe immer mit meinen gesprochen – oder eher zu ihnen? Egal ob Pferd, Hund, Katze, Maus, Meerschweinchen oder Schildkröte. Mal mit Worten, mal ohne, mal stieß ich auf mehr, mal auf weniger Resonanz. Manchen Kommentaren meiner Mitmenschen zum Trotz. Ich habe ja direkte Reaktionen erfahren. Nicht immer hat alles reibungslos und „ohne Worte" funktioniert. Dafür oft, wenn es drauf ankam.

Nur wie ich das gemacht habe, warum es mal klappte und mal nicht, das war mir nicht klar. Wie „es" bewusst steuern? Sprang der berühmte Funke wirklich nur über, weil Tonlage, Körpergeruch und Körpersprache zusammen wirkten und dem Tier eine Dringlichkeit signalisierten? Und war „der Rest" so etwas wie Magie?

Ich habe irgendwann begriffen, dass ich Fehler lieber bei mir suchen sollte, wenn z. B. beim Reiten etwas nicht so lief, wie es sollte. Ganz offensichtlich spürte mein Pferd, wie ich drauf war, und spiegelte dies konsequent in seinem Verhalten. Aber waren alle Reaktionen damit bereits erklärt? War das wirklich alles?

Über Körpersprache zu kommunizieren, seine Sinne für die angeborenen Gesten, für mimische Äußerungen von Hund, Katze, Pferd zu schärfen ist in den vergangenen Jahren geradezu inflationär populär geworden. Wissenschaftliche Abhandlungen der Verhaltensforschung haben in veränderter, besser verdaulicher Form Einzug in die Wohnzimmer und Bücherregale gehalten. Man braucht doch nur mit offenen Augen hinzusehen, rebelliert ein Teil in mir, der sich gegen die Vorstellung wehrt, mit einem Ratgeber in der Hand auf der Weide zu stehen und nachzublättern: Was mögen wohl die angelegten Ohren des Hengstes bedeuten, der gerade auf mich zugaloppiert kommt?

Ich möchte warnen vor Selbstüberschätzung. Vor dem naiven Glauben, nach der bloßen Lektüre eines Buches (auch von diesem!) oder nach dem Besuch womöglich eines einzigen Kurses „Meister" zu sein. Wie oft glaubt man einen Mensch in- und auswendig zu kennen und wird dann so unerwartet wie schmerzlich vom Gegenteil überzeugt? Jeder „Do-it-yourself"-Handwerker hat Hammerschläge mitten auf den Daumen hinter sich gebracht und festgestellt, dass drei Jahre Tischlerausbildung ihren Sinn haben – vom Studium eines Biologen, Tiermediziners oder der Ausbildung eines Reitlehrers oder Pferdewirtes ganz zu schweigen. Und abgesehen davon, dass ein Pferd durchaus das Zehnfache Ihres eigenen Körpergewichtes zum Einsatz bringt. Plus einer ganz anderen Reaktionsfähigkeit. Sind Sie wirklich schneller als eine – wenn auch nur im Spiel eingesetzte – auskeilende Hinterhand? Ein Artgenosse weicht tänzerisch aus. Mancher menschliche Laientanz mit einem Pferd endete im Krankenhaus. Oder wie auf diesen witzigen Türschildern steht: Mein Hund braucht drei Sekunden bis zur Tür – und Sie?

Just einen Tag bevor ich dieses Kapitel schrieb – als wir nämlich mit Tussilago, einem erst im vergangenen Jahr gelegten dreizehnjährigen Traberwallach, für eine Fotosession im Wald waren –, bekam ich eine Kostprobe davon, was es heißt, wenn ein hengstiges Pferd Lust auf eine „kleine Kraftprobe" hat: Als Carola eine Sekunde nicht Acht gab, packte er sie an der Jacke, hob sie hoch und schleuderte sie in der Luft herum, als wöge sie nicht viel mehr als ein Bund Möhren. Für den ehemaligen Hengst ein spielerischer Test: Wer hat die Macht, wer ist ranghöher? Sie hatte ihn im Vorfeld herausgefordert, steigen lassen, in die Schranken gewiesen, rückwärts gerichtet. Ich hätte nicht mit ihr tauschen wollen, ihre Winterjacke in seinem Maul – die ganze Frau im Wortsinn in der Luft hängend.

*„Hätte ich Angst gehabt, Furcht gezeigt, wäre ich verloren gewesen. Hätte er mich wirklich verletzen wollen, hätte er seine Zähne und Hufe eingesetzt. Aber auch so ein angetäuschtes Manöver kann sehr gefährlich werden. Darüber muss man sich klar sein, wenn man mit Pferden arbeitet. Rangordnung ist kein starres System. Manche Pferde testen einen*

*jeden Tag, wollen jede Minute aufs Neue wissen: Wer ist der Boss?*
*Schreib das! Die Leute sollen wissen, was passieren kann.“*

Bitte denken Sie daran: Passen Sie auf sich auf, überschätzen
Sie sich nicht, und glauben Sie nicht, dass Sie mit ein paar Räu-
cherkerzen und Brennnesseltee im Stall echt supereffektive
Problemgespräche mit Ihrem Pferd führen können, die aus einem
Durchgänger oder hengstigen Alphatier im Handumdrehen ein
schussfestes Polizeipferd machen.
Das hier ist kein Wunderbuch!
Gut, dass wir drüber gesprochen haben.
Und nun zurück zum Thema:

Ratgeber und Fachliteratur also in aller Ruhe zu Hause lesen und
verinnerlichen – und seinen gesunden Menschenverstand (seine
innere Stimme!) bitte nicht irgendwo zwischen den Buchdeckeln
vergessen.
Sicher, man braucht ein gewisses Handwerkszeug, eine Art Ge-
brauchsanweisung, um das Bewusstsein überhaupt erst zu schärfen. Ein „Gewusst wie“. Oder besser: Man braucht eine handfeste
Erinnerungshilfe als Grundlage. Wenn wir erst einmal so aus dem
Gleichgewicht sind, dass wir jahrelang gar nicht gemerkt haben,
dass wir überhaupt eine innere Stimme besitzen, geschweige denn,
dass wir sie hören oder ihre Sprache verstehen könnten, dann
haben wir vermutlich den Schlüssel verloren und müssen uns erst
mühsam einen neuen schnitzen. Nur wie?
Die Fähigkeit zu intuitivem Erleben, zu Fantasie, der Zugang
zum eigenen Bauch – das ist uns von Geburt an gegeben. Aber so
wie unser Verstand will auch diese Gabe trainiert sein. Viel „altes
Wissen“, Instinkt und Intuition haben die Menschen des 20. und
21. Jahrhunderts vergessen, verlernt. Kein Wunder, bei all dem
Umgang mit Fortschritt, Technik und Automatisierung. Kinder besitzen diese Fähigkeit noch. Die meisten Eltern trainieren sie ihrem
Nachwuchs allerdings bewusst oder unbewusst äußerst erfolgreich
ab. Wie oft werden all die kleinen philosophischen Fragen oder

Thesen einfach abgewürgt: Gibts nicht, geht nicht, kann man nicht, ist halt so. Schade, dass wir unsere Kinder nicht stattdessen ermutigen, hinzuspüren, sich zu öffnen, die Skepsis des Verstandes mit der Neugier und Offenheit, dem Mut zur eigenen Reflexion zu vertauschen – statt es ihnen so vehement auszutreiben.

Wer sich dagegen wehrt, wer diese Wurzeln dann als Erwachsener wiederfinden, ausgraben will, wird erst recht gern und leichtfertig als Spinner, Esoteriker und Ähnliches verschrien. Gelernt ist eben gelernt. Und so verinnerlicht, dass, wer da mit beiden Beinen so unverrückbar felsenfest auf dem Boden der Tatsachen steht, es vielleicht sogar unheimlich finden wird, sich überhaupt mit derlei Themen ernsthaft auseinander zu setzen. Vielleicht einfach aus der Angst heraus, dass es tatsächlich funktionieren könnte?

Schade.

Also, überwinden wir die Angst und versuchen wir uns selbst.


### Telepathisch laufen lernen: Kommuniziere!

Alles was Sie brauchen, bringen Sie mit. Sie haben es von Anfang an bei sich gehabt: Ihre Gedanken, Ihr Gefühl und Ihren Willen.

Die Kursunterlagen, die Carola bei ihren Tierkommunikationsseminaren verteilt, sind teilweise handgeschrieben und mit vielen Illustrationen verziert. Überschrieben ist das Heft mit dem Aufruf: „Kommuniziere!" Darunter hat sie die Gesichter von erwartungsfreudigen Tieren gezeichnet. Dieser Hund, die Katze, das Pferd warten nur darauf, dass Sie endlich versuchen, Kontakt herzustellen, versuchen, die Signale zu empfangen, die Ihre Vierbeiner Tag für Tag hoffnungsvoll aufs Neue senden und die, von Ihnen ungehört, ins Nichts laufen. So lange Sie nur damit beschäftigt sind, zu denken, können Sie nicht zuhören. Und auch wenn Sie – ganz im Gegenteil – übereifrig an die Sache herangehen, blockieren sie sich und die mentale Kommunikation. Bleiben Sie locker, Verkrampfen Sie nicht. Auch das will gelernt sein! Auf der ersten Seite heißt es:

„Du hältst hier etwas in deinen Händen, das deinen Kontakt mit allen Tieren vertiefen wird, für die du dich interessierst, mit denen du dich beschäftigst. Der Grund, warum ich es schreibe, ist der, dass ich diese wunderbare Empfindung von vollständigem Kontakt, voller Kommunikation teilen und weitergeben möchte. Ich arbeite täglich mit Pferden und treffe dabei meist fantastische, ergebene Diener. Ich bezeichne sie so, weil die Pferde uns sogar gehorchen, wenn sie schlimme Schmerzen in ihren Muskeln haben, sodass sie sich eigentlich wehren und fliehen müssten. Manche Pferde tun das auch. Und was passiert dann? Genau: Sie werden bestraft. Dafür dass sie sich … einzig dem Schmerz … entzogen haben.“

Telepathie ist nach Carolas Verständnis eine Fähigkeit, deren Voraussetzung jedem von uns angeboren ist, genauso wie laufen oder Fahrrad fahren. Damit gemeinsam hat die Kunst der Gedankenübertragung außerdem, dass man beides lernen muss.

- Telepathie ist eine Frage der Konzentration, der Fokussierung, damit man sein Gleichgewicht findet, um im Bild des Fahrradfahrens zu bleiben.
- Zweite Zutat: der Wille, die Überzeugung: Ich kann es.
- Und schließlich drittens: hartes Training.

Dennoch verspricht Carola: Man lernt alles, was man braucht, um Telepathie anwenden zu können (z. B. als Kommunikation mit Pferden und jedem anderen Tier), innerhalb eines einzigen Tages. Richtig gelesen. Ein einziger Kurstag in Tierkommunikation reicht – alternativ die intensive Lektüre dieses Buches. Dann gilt es einzig zu üben, um das Selbstvertrauen in Ihre Fähigkeit zu stärken. Es funktioniert. Aber der Einzige, der den Stein ins Rollen bringen kann, sind Sie selbst! Ich habe es nicht nur selbst gelernt, sondern auch mit zahlreichen Menschen gesprochen, die an Carola Linds Kursen teilgenommen haben.
Zum Beispiel Anna Ericson aus Öland, die mittlerweile selbst erfolgreich als Tierdolmetscherin arbeitet. Zwei Tage nach ihrer Teilnahme schrieb sie mir:

„Der Kurstag war sehr lohnend. Ich habe danach zu Hause gleich mit meinen Pferden ‚probegeredet‘ und ich glaube wirklich, dass es funktioniert. Ich bin immer noch ein bisschen unsicher, ob es die Worte des Pferdes sind oder meine. Ich werde auf jeden Fall weiterüben. Da ich sehr wissbegierig bin, sauge ich alles in mich auf, was an so einem Kurstag gesagt wird. Das war eine ganze Menge Information, die sich jetzt erst setzen muss. Am schwierigsten an der ganzen Sache ist, finde ich, alles abzuschirmen, außen vor zu lassen, was um einen herum ist, Geräusche zum Beispiel. Und die Pferde reden so schnell, dass ich es kaum schaffe, alles mitzubekommen.

Das erste Pferd, mit dem ich bei Carola sprach, war eine hübsche Stute namens Joffie. Sie war sehr mitteilsam und formulierte kurz und knapp. Sie war anscheinend ein bisschen irritiert darüber, dass sie im Stall sein sollte und nicht auf die Weide durfte.

Ich war immer hellhörig, wenn es um Alternativmethoden aller möglichen Art ging und finde es interessant, neue Sachen auszuprobieren.

Ich bin Carola zum ersten Mal auf einer Chatseite im Internet begegnet, wo sie einen Kommunikationskurs inseriert hatte. Ich biss sofort an, rief sie an, fand, dass sie eine interessante Person sei, und meldete mich stehenden Fußes zum Kurs an. Ich entdeckte bald, dass sie massenhaft Erfahrung hatte, von der ich nur profitieren konnte. Besonders natürlich das, wie man seine Sinne öffnen kann für eine echte und weitblickende, verständige Art und Weise.

Ihr erster Besuch bei mir diente eigentlich dazu, meinen Pferden bei körperlichen Beschwerden zu helfen, da sie sich mit Chiropraktik auskennt. Sie ging all meine Pferde durch und renkte sie wieder ein.

Ich weiß schon seit längerem, dass mentale Kommunikation mit Tieren funktioniert. Ich hatte bereits einmal eine junge Frau, die hier auf Öland arbeitet, gerufen, um die Lösung für ein langwieriges und unerfreuliches Problem bei einem meiner Wallache zu finden, der furchtbare Schmerzen hatte. Sie hat ihm buchstäblich damit das Leben gerettet.

Als ich durch Carola begriff, wie ich selbst zu Werk gehen muss, um mit einem Tier in Kontakt zu treten, und als es tatsächlich klappte (dass ich wirklich kommunizierte!) – das fühlte sich an wie der Hauptgewinn. Ich wollte mich immer für missverstandene Tiere nützlich machen, und *indem ich mit ihnen sprechen kann, geht das nur noch besser. Dafür bin ich Carola wirklich sehr dankbar. Als ich jetzt zum ersten Mal mit meinen eigenen Pferden gesprochen habe und ein Gefühl vom Pferd übermittelt bekam – das fühlte sich einfach fantastisch an."*

Dies sind Erfahrungen nach einem einzigen Kurstag.

Nach diesen paar Stunden wissen auch Sie, wie es geht, wie Sie es anstellen können, selbst telepathischen Kontakt mit Ihrem Pferd aufzunehmen. Was dann kommt, ist die Verfeinerung, das Training – damit man nicht mehr hinfällt mit dem Gedankenfahrrad und das Gleichgewicht behält, auch unter erschwerten Bedingungen.

Anna Ericson schickte mir auch ihre Aufzeichnungen über eine Zwiesprache, die Carola mit ihrer Stute Pearl of Passion („Pärlan") hielt – auf Initiative von Annas Lebensgefährten.

### Pearl of Passion (Pärlan)

*„Mein Freund wollte, dass Carola mit meinem Hätschelkind sprechen sollte. Sie ist eine Warmblutstute, die ich geschenkt bekommen habe, nachdem sie vorher wegen ihrer Eigensinnigkeit von Eigentümer zu Eigentümer gewandert war. Diese Stute, Pearl of Passion, genannt ‚Pärlan' (Perle) ist meine ganz spezielle Seelenfreundin. Wir passen zusammen wie Topf auf Deckel. Ich liebe sie aus ganzem Herzen, für mich ist sie etwas ganz Besonderes. Sie erzählte Carola, dass sie mich ebenso mag und dass sie täglich mit mir kommuniziere und das immer schon gemacht habe, seit sie den ersten Huf auf meinen Hof gesetzt hat. Als Carola bei Pärlan in der Box saß, um mit ihr zu sprechen, krabbelte ihr Pärlan fast auf den Schoß. Das war fantastisch anzuschauen. Was sie erzählte, war so fein und tiefsinnig, dass mir die Tränen in die Augen stiegen und ich nur noch dachte: Das hier ist mein Pferd – womit habe ich nur dieses Privileg verdient, dass sie hier bei mir sein darf? Hier ist das Protokoll davon, was Pärlan sagte:*

*‚Ich informiere alle Pferde über die Geschichte des Lebens und bin für alle Wesen hier auf dem Hof wichtig. Der Hof ist nichts ohne mich. Ich erzähle ihnen, wie sie sich zu benehmen haben, und sie veräppeln mich. Wenn ich ihnen nicht nachkomme, dann bin ich irritiert. Ich will sie*

*einzeln, nacheinander auf der Weide haben, damit ich sie nach und nach in der Schule des Lebens ausbilden kann. Sie fühlen sich sicher bei mir. Weil ich diese Fähigkeit habe, sollten Stuten wie ich viele Fohlen haben. Ich isoliere meine Gedanken nicht, sondern gebe ihnen vor meinen Freunden Ausdruck. Ich führe Kommunikation, gleichmäßig und ständig habe ich Kontakt und werde unruhig, wenn jemand auf den Hof kommt, dem es nicht gut geht, und wenn ich sie nicht treffen kann. Bei mir bekommen sie doch Ruhe und Frieden und Ausbildung im Sinn des Lebens, meine Gene tragen das Wissen vieler Generationen über das Leben und wie Dinge sein sollen.*

*Als Ausbildungspferd habe ich auch die Verantwortung für Pferde. Darum sollte ich dem Team angehören, das hier Unterrichts- und Reitpferde darstellt. Vor mir liegend habe ich Saisons mit Arbeit, die allen auf dem Hof nützen werden. Ich fühle mich wohl auf diesen Stellen, wo die vorkommenden Energien uns dort wohnenden Individuen Stärke und Balance geben. Das, was war, hat wenig Bedeutung gegenüber dem, was kommen wird. Wir sehen gemeinsam nach vorn, mein Frauchen und ich."*

*Alles stimmte natürlich, Pärlan ist so unglaublich medial und mitteilsam veranlagt, sehr deutlich zu verstehen. Nach dem Tierkommunikationskurs bin ich meiner Perle nur noch näher gekommen. Ich kann ihre Gedanken besser lesen, als ich es je bei irgendeinem Menschen könnte. Zu meinen anderen Pferden und denen, die zu mir zum Training oder Ähnlichem kommen, habe ich natürlich auch guten Kontakt, aber diese wunderbare Stute Pärlan ist mir im Herzen doch am nächsten.*

*Ich war alternativen Methoden gegenüber immer aufgeschlossen. Daher finde ich nichts besonders Merkwürdiges daran, was Carola bei meinen Pferden bewirkt und herausgefunden hat."*

Wie ich schon erwähnte, hat Anna Ericson nach dem Kursbesuch bei Carola nicht nur für den Hausgebrauch weitergeübt. Sie wird mittlerweile jede Woche zu einem guten Dutzend Hunden und Pferden auf Öland und in der Umgebung gerufen und „arbeitet" nun ebenfalls als Tierdolmetscherin. Hier lesen Sie, wie es weiterging mit ihren Erfahrungen:

„Direkt als ich nach dem Kurs nach Hause kam, ging ich hinaus zu meinen Pferden und Katzen und begann zu kommunizieren.

Ich habe immer nahe bei meinen Tieren gelebt, und sie kamen für mich immer und in allen Situationen an erster Stelle. Da ich keine eigenen Kinder habe, bekamen sie natürlich immer gleichmäßig extra Aufmerksamkeit. Darum fühlt es sich für mich wie eine unglaubliche Chance an, verirrten und missverstandenen Tieren durch die Fähigkeit dieser Kommunikation helfen zu können.

Mein erster Auftrag bei einem fremden Tier war ein Araberwallach, ich hatte selbst darum gebeten, mit ihm kommunizieren zu dürfen. Er war sehr gestresst, unruhig und angespannt. Er erzählte mir, dass er sich nicht im Mindesten wohl fühlte und seinen Freund vermisste. Man muss vielleicht dazu sagen, dass er schneeweiß ist und deswegen immer gemobbt wurde. Nach langem Hin und Her war das Resultat, dass er nunmehr auf meinem Hof ist und sich hier erholen darf. Carola ist hier gewesen und fand massenhaft Verspannungen und verschobene Wirbel. Sie hat ihn gestretcht, soweit sie es wagte. Ich habe ihn einfach im Schritt in der Natur gehen und ansonsten die Arbeit ruhen lassen, damit er ruhig werden und den Stress loswerden konnte. Nach ein paar Wochen ergab das ein feines Ergebnis. Ich bin wirklich sehr nah an ihn herangekommen. Er wird wahrscheinlich zum Verkauf angeboten werden – und ich schätze, ich werde ihn wohl freikaufen, denn ich habe so feine Anlagen und Leistungsvermögen in ihm entdeckt.

Danach ist es richtig ins Rollen gekommen und ich habe mit Hunden, Katzen und Pferden kommuniziert. Alle waren danach froh und zufrieden, sowohl Mensch wie Tier. Das macht mich einfach glücklich. Mein Gedanke im Hinblick auf die Zukunft ist, Healing zu lernen, damit ich weitermachen und mehr über verschiedene Leiden und Wehwehchen lernen kann, die Tiere eventuell haben, und damit sie mir mitteilen können, wo der Schmerz sitzt.

Pferde sind mein Beruf, ich leite eine Reitschule, biete Reittouren und Problemlösungen an. Ich lege besonderen Wert auf Natural Horsemanship, fahre mit meinen schönen Kutschen, kommuniziere usw.

Ich bin vierunddreißig Jahre alt und war nicht auf den feinen schwedischen Pferdeakademien in Strömsholm oder Flyinge, sondern habe in der *harten Schule des Lebens gelernt – mit allem, was das in den Jahren so beinhaltete. Seit neun Jahren beschäftige ich mich mit Westernreiten und reite manchmal Lektionen für die schwedische Nationalmannschaft im Westernreiten. Davor bin ich klassisch geritten, aber ich fand, dass das nicht mehr zu mir passte, weil ich damit nirgendwohin kam.“*

Ein Mut machender Bericht. Aber zurück zu Ihnen. Gerade am Anfang fällt es Ihnen vielleicht schwer, sich nicht ablenken zu lassen von allem Möglichen, was um Sie herum vorgeht oder was Ihnen im Kopf herumschwirrt. Es ist schwierig, die Sicherheit zu finden, eigene von fremden Gedanken, von Illusion und Fantasie unterscheiden zu lernen. Ganz abgesehen davon, dass man auch gar nicht all das hören möchte, was man vielleicht mitgeteilt bekommt. Doch diese inneren Sperren und Blockaden sind es, die Sie hindern, mit dem sechsten Sinn ungebremst wahrzunehmen.

Aber das ahnten Sie ja vielleicht bereits.

Und Ahnungen, damit sind wir gleich bei der Sache.

Das kennen Sie, oder? Das Telefon klingelt, da sind Sie bereits auf halbem Weg zum Hörer. Oder Sie wissen schon, wer dran ist, bevor er sich gemeldet hat. Sie denken an jemand Bestimmten, und prompt steht er oder sie vor der Tür, Sie bekommen in der nächsten Minute eine E-Mail oder eben jenen Anruf. Sie legen am Abend ein Buch heraus, das Sie schon vor Wochen einer Person als Leihgabe versprochen haben, die 250 Kilometer weit weg wohnt, und denken sich: „Wäre schön, wenn sie mal zum Frühstück vorbeikäme.“ Und am nächsten Morgen steht sie vor der Tür – unangemeldet, mit Brötchen in der Hand. Vielleicht schminken Sie sich gerade, als ob Sie ausgehen wollten, haben aber (noch!) keine Verabredung. Denn gerade als Sie sich wundern, wieso Sie sich im Badezimmer überhaupt so aufdonnern und was um Himmels willen Sie da tun, klingelt es an der Haustür. Überraschung … draußen steht Ihr Date.

Hier beginnt Telepathie. An genau dieser Stelle.

Genauso weiß Ihr Pferd schon lange, bevor Sie den Stall betreten, wie es Ihnen heute geht, mit welcher Einstellung Sie herkommen – und es wird sich entsprechend verhalten.

Wir wollen gemeinsam üben, diese Fähigkeit, die uns von der Natur ebenso mitgegeben wurde wie Riechen, Schmecken, Fühlen, Sprechen und Hören, zu trainieren und gezielt anzuwenden.

Und noch eins verrate ich Ihnen. Als ich zum ersten Mal davon hörte, habe ich genau wie Sie irgendwann gelächelt und zwei Worte gedacht: Schnickschnack und Hokuspokus. Sie denken ähnlich und sind trotzdem neugierig? Prima. Das sind die besten Voraussetzungen. Sie dürfen weiter essen und trinken, was Sie wollen, und Ihre Lieblingskleider tragen. Da wollen Ihnen weder Carola noch ich hineinreden. Und welches Gebiss und welchen Sattel Sie verwenden, das machen Sie am besten mit Ihrem Pferd aus. Denn eins werden Sie garantiert haben, wenn Sie mitmachen: einen geschärften Sinn mehr, den so genannten sechsten.
Seien Sie also bitte mindestens ebenso skeptisch wie ich und trotzdem so offen, es einfach mal auszuprobieren. Vielleicht staunen Sie dann auch genau wie ich. Und lassen Sie sich nicht entmutigen – es ist noch kein Pferdeflüsterer vom Himmel gefallen, geschweige denn jemand, der lernen will, wirklich zuzuhören. Wie beim Erlernen einer neuen Sprache muss man vor allem fünf Dinge: üben, üben, üben, nicht aufgeben, wenn nicht gleich alles klappt, und auch Rückschläge hinnehmen.

Vielleicht erzähle ich Ihnen erst einmal eine kleine Anekdote meiner ersten telepathischen Schritte. Schritte? Das erste vorsichtige und skeptische Krabbeln trifft die Situation besser:
Ich konzentrierte mich, wie ein gutes Dutzend weiterer Kursteilnehmerinnen unter Carolas Anleitung, so angestrengt wie möglich auf einen einladenden Teller Fleischklöße mit Preiselbeeren und Salzkartoffeln. Die Aufgabenstellung hatte gelautet: Stell dir ein leckeres Hauptgericht vor. Bei meinem Gegenüber, das bloß wusste, es geht um Essen, kam folgendes Bild an: Spaghetti mit Tomatensoße. So ging es uns übrigens fast allen an diesem Tag. Egal was die jeweilige Senderin dachte, das Ergebnis war fast immer: Spaghetti mit Tomatensoße. Und warum? Weil eine im Raum sich stärker konzentrierte

als alle anderen und ziemlich hungrig war. Und die dachte nun mal an ihre Lieblingsspeise. Da haben zehn Frauen gleichzeitig Carolas Botschaft aufgeschnappt. Kann ja mal passieren!

Und da sind wir auch gleich mitten in der ersten Krabbelstunde in Sachen Telepathie, in der Sie sich selbst ausprobieren können.

## *Vorübungen: Gedankenübertragung von Mensch zu Mensch*

Bevor wir selbst uns darin üben, mit dem Pferd eine telepathische Verbindung aufzubauen, trainieren wir an eigenen Artgenossen – Menschen. Das hat gleich mehrere Vorteile: Sie können sich gleichermaßen im Senden als auch im Empfangen von Gedanken üben und erhalten nach jedem „Übertragungsversuch" ein direktes Feedback. So können Sie ganz leicht überprüfen, ob die Gedankenübertragung funktioniert hat. Das Phänomen, dass Ihr Gedanke nicht bei Ihrem Gegenüber, sondern bei jemand anderem im Raum ankam, ist übrigens gar nicht so selten. Gerade anfangs werden Sie noch nicht so „punktgenau" senden – und jemand anders hat vielleicht schlicht die stärkeren „Empfangsantennen".

Ein Gedanke ist – ich möchte das hier noch einmal ausdrücklich wiederholen – schlicht und ergreifend eine Vorstellung, ein Bild von etwas. Selbst ein Begriff, ein Wort, ist zunächst ein Bild. Unbewusst haben wir immer Bilder im Kopf – damit malen wir unsere Wirklichkeit. Diese Bilder können unsere Tiere lesen.

Zunächst wollen wir lernen, diese Bilder bewusst zu steuern. Was passiert, wenn Sie das Wort „Stuhl" hören? Höchstwahrscheinlich sehen Sie dann vor Ihrem geistigen Auge nicht das Wort STUHL, geschrieben auf einem weißen Blatt Papier – schwarze Buchstaben in Arial, fett, Zwölf-Punkt-Schrift –, sondern Sie haben ein Bild von einem Stuhl im Kopf. Bei jedem Menschen wird dieser Stuhl ein anderes Aussehen haben, aber wenn Ihnen „Stuhl" ein Begriff ist, werden Sie einen sehen, sich einen in Ihrer Fantasie vorstellen.

Genauso funktioniert Telepathie. Die Voraussetzung dafür ist, bewusst zu lernen, sich etwas vorzustellen, und diesen Gedanken, dieses Bild im Kopf anschließend jemandem zu schicken. Ob Tier oder Mensch ist dabei gleichgültig. Die Gedankenübertragung funktioniert immer auf dieselbe Art.

Sie werden lernen zu unterscheiden, welches Ihre eigene Vorstellung, Ihr eigener Gedanke war – und welchen Sie geschickt bekommen haben. Sie werden den Unterschied mit ein bisschen Erfahrung einfach spüren. Manchmal wissen Sie vielleicht nicht unbedingt auf Anhieb, wer Ihnen einen Gedanken geschickt hat – manchmal finden Sie es vermutlich nie heraus.

Carola Lind hat eine sehr witzige Theorie zu diesem Phänomen von einer „allgemeinen Gedankenwolke":

*„Wenn wir einen Gedanken einfach in den Raum stellen, uns also in unserer Vorstellung nicht an jemand Besonderen wenden, hängt dieser Gedanke sozusagen in der Luft und wird Bestandteil dieser Wolke. Dann kann es passieren, dass irgendjemand ihn auffängt.*

*Wenn Sie zum Beispiel nicht konkret denken: ‚XY, bring mir unbedingt das Buch mit!', sondern ganz allgemein. ‚Hoffentlich vergisst XY nicht, mir dieses Buch mitzubringen', kann Folgendes passieren: Irgendjemand im Bekanntenkreis schnappt diesen Gedanken auf, ruft XY an und sagt: ‚Du, denk dran, das Buch mitzunehmen, wenn du Z besuchst.' Diese Person wird in aller Regel keine Ahnung haben, woher dieser plötzliche Impuls zu dem Telefonat kam – sie wird ihn als eine Art Eingebung empfinden."*

Wenn wir einmal darauf achten, stellen wir fest: Wir scheinen ganz oft Gedanken aufzuschnappen – ob sie nun konkret an uns gerichtet sind oder nicht. Das wäre auf jeden Fall eine plausible Erklärung dafür, dass Sie schon im Vorfeld wissen, wer am Telefon ist, wenn es klingelt – weil derjenige an Sie gedacht hat: Ich ruf jetzt mal den Leser an, hoffentlich ist er zu Hause. Sie haben ihn mit Ihren Antennen „denken hören".

Diese Antennen, diesen sechsten Sinn, gilt es also zu trainieren wie einen Muskel beim Sport.

### Nestor Olympia, Traber, zwanzig Jahre alt

Seine Besitzerin, Renée Ruchart aus Kalmar, sagt:

*„Ich habe schon vorher daran geglaubt. Ich habe schon immer an solche ,eigenartigen' Dinge geglaubt. Ich dachte: Warum nicht? Anstatt zu denken: Warum? Im Vorfeld wusste ich bereits, dass Nestor dieses riesige Ego hat. Aber ich wollte das gern mal dokumentiert haben. Ich wollte wissen, ob er fühlt, wie viel er mir bedeutet. Das wusste er wohl. Er gehört mir ja schließlich schon seit zehn Jahren. Danach fühlte sich das gut an. Alles stimmte und fast schon zu genau."*

Und das hier hat Nestor erzählt:

*„Ich bin groß. Frauchen und ich komplettieren uns dergestalt, dass ich ihre Fehler aufdecke. Ich bin stark. Nicht nur physisch. Ich weiß, was ich kann. Mein Frauchen kann richtig zornig werden. Sie kann auch mit dem Fuß aufstampfen. Sie mag das Nachtleben. Ihre engen Freunde sind ihr wichtig, der Rest ist ihr egal.*

*Ich bedeute ihr viel. Auf mich ist sie stolz. Ich kann machen, dass ihr warm ums Herz wird, aber auch dass sie zornig wird oder enttäuscht. Ich kann springen, auf den Vorderhufen im Wald. Das Haus, an dem wir vorbeireiten können, ist schön. Dann gerät mein Frauchen ins Träumen.*

*Die Wahrscheinlichkeit, dass eine neue Blütezeit für mich kommt, ist gewiss klein.*

*Ich bekomme zu wenig Futter und manchmal sonderbares Heu.*

*Ich will meine Pferdefreunde fühlen, sonst will ich sie gar nicht haben.*

*Ich habe mich dumm benommen mit einem auf dem Rücken, da habe ich Furcht gefühlt.*

*Ich und mein Frauchen sind uns ebenbürtig, wir verstehen uns genau.*

*Sie atmet ein bisschen zu schnell. Der kleine Stall ist besser, aber das helle Pferd ist hässlich und riecht krank.*

*Es geht ein kleiner Pfad beim Acker rein, da kann man rennen.*

*Manche denken, dass ich hübsch, aber falsch bin. Ich kann mich so bewegen, wie ich soll. Aber manchmal will ich einfach nicht.*

*Der neue Sattel, was ist denn mit dem los?*
*Ich halte meine Sachen gern in Ordnung, und ich entspanne mich nicht
richtig, aber ich fühle mich wohl auf der Weide.*
*Menschen sind dumm, wenn sie glauben, dass sie mit mir nicht klarkom-
men können. Sie bauschen die Sache auf. Sie dürfen Tricks anwenden.*
*Ich kann auf den Hinterbeinen gehen, das habe ich bewiesen.*
*Ich will keine schmutzigen Sachen haben, das mag ich nicht.*
*Ich mag es nicht, zu schwitzen, und ich mag es nicht, nass zu sein unter
der Decke.*
*Ich mag das nicht, was sie unter die Hufe macht, und ich will in der Box
auf etwas stehen, was man essen kann.*
*Ich will kleine Obststücke haben und keine ganzen Äpfel. Zu viel Süßes
ist nicht gut. Gebt mir mehr Raufasern."*

## Grundsätzliches zu den Übungen

### Sender und Empfänger

Fangen wir also an, den sechsten Sinn zu trainieren.
Für diese Übungen sollten Sie zu zweit sein, damit Sie Ihre Ergebnisse vergleichen, Ihre Fortschritte beobachten und Erfahrungen austauschen können. Einer verkörpert den so genannten „Sender", der
andere den „Empfänger". Die Bedeutung dieser Rollen erklärt sich
von selbst: Der Sender schickt einen Gedanken an den Empfänger.
Sender ist, wer eine Vorstellung, ein Bild übermittelt. Der Empfänger nimmt dieses vom Sender entgegen. Einigen Sie sich im Vorfeld, wer die Rolle des Senders und die des Empfängers übernimmt.
Sie sollten auf jeden Fall beide Parts trainieren und immer wieder
tauschen.

### Umgebung

Prinzipiell können Sie telepathisch üben, wo und wann immer Sie
wollen. Gerade zu Beginn werden Sie es als Erleichterung empfinden, wenn Sie mögliche Störfaktoren ausschalten, also alles was Sie
eventuell ablenken oder in Ihrer Konzentration behindern könnte.

Das Telefon sollte nicht unbedingt jeden Moment klingeln oder jemand zur Tür reinrennen. Und den Fernseher machen Sie bitte auch aus. So etwas können Sie sich später jederzeit als Schwierigkeitsstufe zur Steigerung auferlegen. Mit einem jungen, neuen Pferd gehen Sie ja auch nicht gleich ohne Trense ins Gelände, sondern üben erst mal allein in der Reitbahn.

Wenn ich mir überlege, unter welchen Bedingungen Carola Lind es manchmal in den belebten Reitställen schafft, die Konzentration zu halten – Hut ab! Da verlieren andere schon „verbal" den Faden.
Carola und viele andere Tierdolmetscher schwören auf Meditation und autogenes Training als Konzentrationsübung. Denn den meisten von uns fällt es anfangs schwer, „fremde" Bilder nicht nur im Kopf entstehen zu lassen – sondern auch eine Weile zu halten ohne gleich wieder zu eigenen Gedanken abzuschweifen.
Setzen Sie sich also am besten einander gegenüber auf bequeme Stühle oder Sessel. Locker, entspannt, bequem. Achten Sie nur auf eins: Keine Hände, Arme oder Beine verschränken – die Körperhaltung sollte offen sein. Auch das unterstützt Sie und hilft Ihnen dabei, sich nicht selbst zu blockieren.

### Die Gedankenbrücke

Die Gedankenbrücke ist eine Art imaginärer Transportweg, über den das, was Sie oder Ihr Gegenüber denken, transportiert wird. Klar, Worte senden Sie über Mund und Stimme aus, und über die Ohren kommt die Botschaft an. Für Telepathie brauchen Sie eine andere Möglichkeit, einen mentalen Weg. Deswegen ist die Gedankenübermittlung zu Beginn anstrengend und fordert Ihre ganze Vorstellungskraft. Aber keine Panik: Das alles ist ausschließlich eine Frage des Trainings.
Ausgangs- und Endpunkt der Gedankenbrücke ist Ihr drittes Auge – das Stirnchakra, jener Bereich mitten auf der Stirn also, genau zwischen Ihren Augen.
So bauen Sie die Gedankenbrücke: Stellen Sie sich einen Lichtstrahl vor oder ein kleines Stück Gummiband vielleicht oder eine richtige

Brücke, die Ihre beiden Stirnchakras verbindet – Ihrer Fantasie sind keine Grenzen gesetzt. Hauptsache, Sie schaffen eine für Sie stimmige Verbindung. Spüren Sie hin, Sie werden es fühlen, wenn die Brücke „steht". Das kann ein Gefühl von Wärme sein oder von leichtem Druck – jeder erlebt es unterschiedlich. Ich habe nach Kurstagen bei Carola tatsächlich Menschen gesehen, die vor lauter Konzentration mit einem kreisrunden geröteten Fleck auf der Stirn nach Hause gingen. „Ein richtiges Kabelmal", nennt Carola so etwas lachend.

*„Wenn Sie einem Menschen oder einem Tier ein Gefühl vermitteln wollen, etwa einen Eindruck von Zusammengehörigkeit und Zuneigung, können Sie die Gedankenbrücke auch zwischen Ihren beiden Herzchakras schlagen: Schicken Sie einen Lichtstrahl voller Wärme, voll Freude und Liebe hinüber. Es wird Ihre Verbindung stärken."*

Zu Beginn jeder Übung schließen Sie die Augen und atmen tief durch. Konzentrieren Sie sich nur auf Ihren Atem, ausschließlich auf das Einatmen. Das Ausatmen lassen Sie einfach geschehen. Ohne Druck. Pressen Sie die Luft also nicht aus sich heraus, lassen Sie sie fließen. Beim Einatmen stellen Sie sich vor, wie Sie sich von der Außenwelt abschirmen. Alle Gedanken, die Sie sonst beschäftigen, bleiben draußen. Sie atmen ein, und während die verbrauchte Atemluft frei aus Ihnen hinausfließt, nimmt sie alle störenden eigenen Gedanken mit. Sie sind ganz leer und offen.

## Übung eins: Farbsehen

Sie haben sich darauf geeinigt, wer Sender und wer Empfänger ist. Schließen Sie die Augen und nehmen Sie drei tiefe Atemzüge. Jetzt konzentrieren Sie sich auf eine Verbindung zwischen Ihrem „dritten Auge" und dem Ihres Gegenübers.
So. Der Lichtstrahl leuchtet? Das Gummiband ist gespannt? Sie haben angedockt? Die Brücke ist fertig? Wunderbar! Dann kanns ja

losgehen. Geben Sie einander ein kurzes Signal, wenn Sie so weit sind. Und dann: noch mehr Konzentration. Der Empfänger versucht seinen Fokus darauf zu halten, „leer und offen" zu sein – seine eigenen Gedanken außen vor zu halten. Bitte nicht über den Berg Wäsche zu Hause nachdenken oder was es zu essen geben soll. Achten Sie auf das, was kommt, aber verkrampfen Sie sich nicht.

Der Sender schickt einen Gedanken los. Die erste Aufgabe lautet: Stellen Sie sich eine Farbe vor. Schlicht und einfach eine Farbe. Sehen Sie diese Farbe vor sich, so, wie es Ihnen am besten gelingt. Zum Beispiel Blau: als blaue Wand, als Wort „Blau" in dicken, tropfnassen farbklecksenden Buchstaben, mit dem Pinsel aufgetragen – Blau. Schicken Sie diese Farbe über die Gedankenbrücke Ihrem Gegenüber. Stellen Sie sich genau vor, wie die Farbe ihren Weg über die Brücke nimmt und am Stirnchakra des Gegenübers ankommt.

### Was ist beim Empfänger angekommen?

Plötzlich müsste ein Bild in Ihrem Kopf gewesen sein. Der Eindruck einer Farbe – einfach eine Farbe. Auf einmal war sie da. Das Erste, was Sie sahen, ganz schnell und spontan, ohne „nachzudenken", das war der Gedanke Ihres Gegenübers. Wie sah er aus? Öffnen Sie die Augen und vergleichen Sie das Ergebnis: „Ich habe Blau gesehen. Hast du Blau geschickt?"

## Übung zwei: Gegenstände

Stellen Sie sich auf dieselbe Weise einen Gegenstand vor. Sie, lieber Sender, entscheiden sich bitte vorher eindeutig, um ein eindeutiges Ergebnis zu erhalten. Nicht: „Ein Ball, ach nee, doch lieber eine Puppe. Oder besser ein Spielzeugauto?"

Konzentrieren Sie sich darauf, ein ganz bestimmtes Bild im Kopf entstehen zu lassen von eben diesem Gedanken. Lassen Sie die Augen zu. Stellen Sie sich den Gegenstand genau vor. Kinderleicht, oder? Ja, Kinder haben es in der Tat leichter. Aber auch Sie kriegen das hin, glauben Sie mir.

Wie sieht Ihr Ball aus? Wie groß ist er? Welche Farben hat er? Wie fühlt er sich an? Wie riecht er?

Versuchen Sie, ein möglichst konkretes Bild von diesem Ball zu entwickeln.

In allen Einzelheiten …

Und dann schicken Sie ihn über die Gedankenbrücke dem Empfänger.

Welchen Gegenstand hat Ihnen der Sender geschickt?

Was haben Sie wahrgenommen, lieber Empfänger?

Vergleichen Sie das Ergebnis miteinander.

Und entscheiden Sie selbst, ob Ihre Trefferquote mit Zufall und Wahrscheinlichkeit zu erklären ist.

Sie werden die Erfahrung machen, dass Sie von Übung zu Übung besser werden. Der Trainingserfolg stellt sich schnell ein.

### Lernen Sie, konkret zu denken!

Einfachste Grundübung sind natürliche Dinge, Gegenstände. Stellen Sie sich als Sender also zu Beginn Ihrer Experimente mit Telepathie einen Baum vor, eine Blume, ein Haus, ein Auto – irgendeine Sache.

Entscheiden Sie sich rasch und ohne Zögern. Konzentrieren Sie sich intensiv auf diesen Gegenstand. Wie sieht das Ding aus, wie riecht es, welche Farbe hat es …? Wie fühlt es sich an …

Je konkreter, je schärfer, je intensiver Ihr Bild ist, desto einfacher hat es der Empfänger. Konzentrieren Sie sich! Ja, das strengt an, ich weiß. Ihr Gegenüber hat es da aber nur scheinbar etwas leichter. Denn in dem Moment, in dem der Empfänger sich von eigenen Gedanken oder von der Außenwelt ablenken lässt, reißt der Faden ab, bricht die Brücke zusammen.

Der Empfänger konzentriert sich einzig darauf, leer, offen und aufmerksam zu sein. Denken Sie an nichts. Auch das ist nicht ganz so leicht, wie es sich im ersten Moment liest! Wenn Sie die Bücher von Douglas Adams kennen, wissen Sie ja, dass schon Götter daran gescheitert sind ihre Gedanken zu kontrollieren. Und das ist nur Literatur.

Vertiefen Sie sich in Ihren Atem. Das kann helfen. Lassen Sie ihn fließen. Atmen Sie bewusst ein und spüren Sie, wie der Atem ganz natürlich wieder aus Ihnen herausfließt.

Tun Sie es einfach, ohne groß nachzudenken. Das blockiert nur. Schließen Sie die Augen und stellen Sie sich vor, wie Sie „aufmachen" – für alles, was da kommen mag.

### Huch, ein Gedanke!

Er wird ganz schnell kommen, verlassen Sie sich darauf. In Sekundenbruchteilen. Und sich dann vermutlich schon wieder verflüchtigt haben, genauso blitzartig oder ein wenig langsamer, je nachdem, wie lange Sie beide, Sender und Empfänger, die Konzentration schon am Anfang halten können.

Und Achtung, nicht vergessen! Der erste Gedanke, der dem Empfänger buchstäblich in den Sinn kommt, das erste Bild, das Sie plötzlich und unerwartet vor Ihrem geistigen Auge sehen – das ist wirklich bereits die Übertragung.

Das wars schon? Ja, das wars schon. Es ist tatsächlich so. Es geht gedankenschnell. Unglaublich flott eben. Telepathie ist nun einmal die direkteste Form der Kommunikation – von Gehirn zu Gehirn, ohne Umweg über Stimmbänder, Augen und diverse Gehörknöchelchen.

Im Bruchteil einer Sekunde taucht ein Gedanke, ein Wort, ein Bild in Ihrem Kopf auf, das nicht Ihr eigenes Konstrukt ist.

Wetten?

Daran erkennen Sie, dass es eben nicht Ihre überschäumende Fantasie ist oder Ihre Vorstellungskraft, sondern wirklich ein „fremder" Gedanke: Es ist die allererste Assoziation, das allererste Bild, der allererste Gegenstand, das allererste Wort, das wie aus dem Nichts auftaucht.

Egal wie unsinnig dieser erste Gedanke Ihnen erscheinen mag, lassen Sie sich darauf ein und merken Sie sich dieses Gefühl, diesen Eindruck. So fühlt es sich an: Das ist sie, die Telepathie.

Die Analyse kommt später. Die ersten Schwierigkeiten kommen gleich.

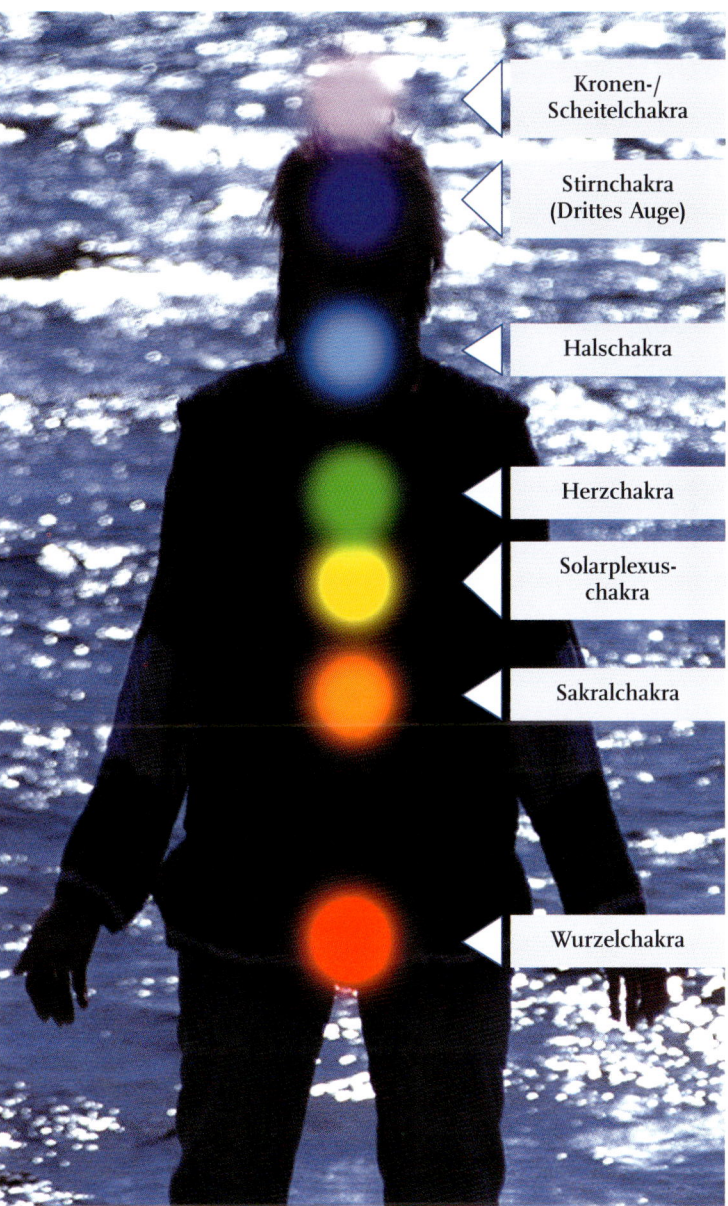

Kronen-/
Scheitelchakra

Stirnchakra
(Drittes Auge)

Halschakra

Herzchakra

Solarplexus-
chakra

Sakralchakra

Wurzelchakra

„Pferde sehen unsere Aura und damit direkt in unsere Seele":
Der Sitz der Chakrapunkte in den ihnen zugeordneten Farben.

Erste Aufgabe im Tierkommunikationskurs: Sender und Empfänger konzentrieren sich darauf, eine Gedankenbrücke zum Stirnchakra des Gegenübers entstehen zu lassen.

Meditationen schulen die not-
wendige Entspannung und
Konzentrationsfähigkeit fürs
Fokussieren. Wann, wie oft und
wo Sie wollen.

Hier gibt es keine Sprachbarrieren:
Über den sechsten Sinn kann die
Schwedin problemlos auch mit
einem spanischen Hengst – hier der
P.R.E. Jilguero – kommunizieren.

Zweiter Schritt beim Telepathie-Training: Einem Pferd schriftlich vorformulierte Fragen gedanklich übermitteln und üben, die Antworten zu empfangen.

Der sechste Sinn ist uns allen angeboren. Wir müssen nur Zuhören lernen, ohne uns auf unsere Ohren zu beschränken. Karin Müller und ihre Pferde Sunny und Porky.

Carola Lind und Tussilago zeigen: Dominanz kann
man überall trainieren, auch beim Winterspaziergang
mit Hengst.

Aus einem Spiel heraus stellt er plötzlich ihren
Rang durch Steigen in Frage. Auch hier gilt:
Ruhe bewahren.

Widersetzt sich das Pferd, muss es rückwärts
weichen. „Nicht mehr und nicht weniger."

## Problem, Problem

Aha, Sie haben „Grün" gedacht und „Blau" kam an? Na, immerhin wars eine Farbe! Immer langsam mit den jungen Pferden. Auch das ist schon ein kleiner Erfolg. Sie haben „Auto" gedacht und „Flugzeug" wurde empfangen? Na, immerhin sind Sie schon mal gemeinsam bei der Kategorie Verkehrsmittel gelandet.

Alles fauler Zauber, Sie argumentieren mit Wahrscheinlichkeitsrechnung und Zufall?

Na, wer wird denn gleich aufgeben. Diese Art der Konzentration will gelernt sein. Ich glaube, ich erwähnte das bereits am Rande.

Was erwarten Sie denn? Wenn es so einfach wäre, würden ehrliche Hellseher und reiche Mumpitzscharlatane nicht so schwer voneinander zu unterscheiden sein.

Bei den Kursen, die ich beobachtet, an denen ich teilgenommen habe, war es oft anfangs so, dass beispielsweise ein roter Ford gesendet und ein blauer Mercedes empfangen wurde. Ich dachte an eine junge Birke mit Frühlingslaub auf einer Wiese – mein Gegenüber schwor Stein und Bein, eine alte Eiche im Schnee gesehen zu haben.

Was ist da passiert? Mitunter stellen sich die spannendsten Dinge heraus. Dann nämlich, wenn jemand anders plötzlich ruft: „Aber, das war doch MEIN Auto." „Den Baum hatte ICH mir doch vorgestellt!"

Das heißt: Die Gedanken wurden ganz richtig gesendet und empfangen – nur ein bisschen unkontrolliert, was die Genauigkeit anging. Manche Menschen sind einfach sensibler und „gedankenstärker". Sie empfangen oder senden auf Anhieb besser als andere. Mit ein wenig Übung kann sich das allerdings im Verlauf eines Kurstages ganz schnell ändern.

Lassen Sie sich aber auch nicht entmutigen, wenn wirklich niemand Ihren blauen Käfer empfangen hat – wer weiß, wo er gelandet ist. In der allgemeinen Gedankenwolke am Ende? Und vielleicht haben Sie sich wirklich noch nicht intensiv genug konzentriert. Richtig zu fokussieren, das fällt einem nicht in den Schoß. Schon gar nicht, während man noch mit seinen eigenen Zweifeln, mit Nervosität und Aufgeregtheit kämpft.

Wenn Sie sich nicht sicher sind, dass Sie es können, müssen Sie auch mit einem unsicheren Ergebnis rechnen!

Später werden Sie sehen, dass Sie sich sogar Situationen vorstellen können, von denen Sie erreichen möchten, dass sie wirklich geschehen: Üben Sie, besser zu fokussieren. Das ist mehr als simple Konzentration. Das heißt, dass Sie Ihr Anliegen wirklich in den Brennpunkt Ihrer Gedankenkraft rücken: Sehen Sie, fühlen Sie, wie es sein wird, wenn die Situation, das Ziel, das Sie sich wünschen, eintreffen wird. Ihre Zufriedenheit, das Glück, die Wärme, das komplette positive Erleben. Versetzen Sie sich ganz und gar da hinein. Nehmen Sie dieses positive Gefühl mit.

Das Training beginnt im Kopf. Und ich sage Ihnen, es gibt sogar so etwas wie Muskelkater hinter der Stirn. Kann gut sein, dass Sie aus dem Eifer des Gefechts auch mit einem roten Fleck auf der Stirn hervorgehen – einem schon erwähnten Kabelmal – oder mit bleierner Müdigkeit, Erschöpfung pur. Freuen Sie sich: Da sehen Sie, was Sie geleistet haben. Sie machen hier nämlich hochkonzentrierten Denksport, den Sie auf diese Art bestimmt noch nicht absolviert haben. Nicht wahr?

Übrigens neige ich glücklicherweise überhaupt nicht zu Kopfschmerzen. Selbst ein Kater äußert sich bei mir eher in Kreislauf- oder Magenbeschwerden. Aber nach meinem ersten Kurstag bei Carola hatte ich Kopfschmerzen.

Daran merken Sie, dass Sie wirklich etwas tun. Auch wenn das erste Ergebnis Sie vielleicht noch nicht umgehauen hat. Abwarten. Das kommt noch. Also gleich noch einmal. Und noch mal.

Und machen Sie es sich bitte nicht unnötig schwer am Anfang. Sagen Sie ruhig Ihrem Gegenüber: Ich stelle mir einen Baum vor. Das hat nichts mit Mogeln oder Vorsagen zu tun. Es wird schwierig genug sein, zu „sehen", WIE dieser Baum aussieht, WAS FÜR

EINER der Ihre ist: Ob es ein knorriger Wacholderbusch oder eine schlanke Birke ist – mit Schnee auf den Zweigen oder bunt gefärbtem Herbstlaub.

Wenn diese Dinge, wie z. B. Bäume, Tiere, Häuser – alles, was wir mal so unter Schwierigkeitsstufe eins packen können –, nach ein paar Übungen schon ganz gut klappen – und das werden sie! –, dann lüften Sie erst einmal das Zimmer ordentlich durch, gehen Sie ein paar Minuten an die frische Luft und beschäftigen Sie sich mit etwas anderem. Besänftigen Sie den kleinen Hunger zwischendurch, schauen Sie mal im Stall nach dem Rechten oder gehen Sie mit dem Hund raus. Der wird sich freuen, und Sie entspannen sich ein bisschen. Zu jedem Sport gehören Lockerungsphasen – auch zum telepathischen Gehirnjogging.

## Meditation

Vermutlich wird es Ihnen gerade zu Beginn sehr ungewohnt und schwierig erscheinen, auf diese Art zu fokussieren und den Kopf tatsächlich für ein paar Minuten am Stück „leer zu machen". Autogenes Training und Meditation können hier unterstützend einiges bewirken. Bei der folgenden Meditation handelt es sich um eine geführte Gedankenreise. Sie soll Ihnen helfen, den Kontakt mit sich selbst zu verstärken, sich in Ihr Innerstes zu vertiefen und Telepathie leichter empfangen zu können. Dem Grundgerüst dieser Meditation (die Texte sind von Carola Lind) werden Sie später noch einmal begegnen: Es ist ein Baustein für jede Art mentalen Trainings (vgl. Seite 155 im gleichnamigen Kapitel). Die Inhalte, wohin die Reise gehen soll, was Sie fokussieren möchten, bestimmen Sie selbst.
Tipp: Nehmen Sie den Text am besten auf eine Kassette auf. Sprechen Sie langsam, mit kleineren Pausen dazwischen, oder bitten Sie einen Bekannten, dessen oder deren Stimme Ihnen angenehm ist, dies für Sie zu tun. Dann können Sie das Band jederzeit abspielen, wenn Sie meditieren möchten. Probieren Sie aus, ob Ihnen dazu

völlige Ruhe angenehm ist oder ob Sie leise Musik bevorzugen. Klassik, indianische Klänge, spezielle Meditationsmusik gibts in jedem Esoterikbuchladen.

*„Schließen Sie die Augen.*
*Nehmen Sie drei tiefe Atemzüge.*
*Konzentrieren Sie sich auf Ihren Scheitel. Fühlen Sie, wie die Energien Ihren Scheitel erwärmen.*
*Lenken Sie die Energien weiter in Richtung Hals und Nacken. Fokussieren Sie Ihren Nacken. Fühlen Sie, wie die Energien Ihren Nacken erwärmen.*
*Fokussieren Sie Ihre Handflächen. Fühlen Sie, wie Ihre Handflächen warm werden.*
*Lassen Sie die Energie weiterfließen zu Ihren Oberschenkeln. Spüren Sie, wie Ihre Beine warm werden.*
*Konzentrieren Sie sich auf Ihre Stirn. Spüren Sie, wie Ihre Stirn warm wird.*
*Jetzt konzentrieren Sie sich auf Ihren Bauch. Lenken Sie alle Energien hierhin. Lassen Sie alle Energie in Ihrem Bauch zusammenkommen. Fühlen Sie, wie er warm wird.*
*Fokussieren Sie Ihre Füße. Fühlen Sie, wie Ihre Füße warm werden, wie alle Energien in sie hineinströmen.*
*Fühlen Sie, wie Sie ganz und gar angefüllt sind mit purer Energie, die sich in Ihnen bewegt, Sie wärmt und in Ihrem Körper fließt.*
*Fokussieren Sie Ihr Stirnchakra. Stellen Sie sich vor, wie ein blaulila-farbener Strahl sich mild ins Stirnchakra hineinbohrt und wie Gold aus dem Chakra herausglitzert.*
*Fühlen Sie, wie warm es hinter der Stirn wird.*
*Nehmen Sie drei tiefe Atemzüge.*
*Lassen Sie Silberdrähte aus Ihrem Stirnchakra wachsen und schicken Sie diese aus an alle Tiere auf unserem ganzen Planeten. Schaffen Sie einen wunderbaren Kontakt mit dem Stirnchakra dieser Tiere und sehen Sie, wie alle Tiere in dunklem Blaulila leuchten. Indigo.*
*Lösen Sie sich selbst in Atome auf. Lassen Sie jeden einzelnen Teil von sich Kontakt bekommen mit allen Individuen, die sich auf unserer Erde bewegen.*

Schweben Sie in einer indigofarbenen Ewigkeit und genießen Sie das Dasein, das Gefühl teilhaben zu dürfen an aller Information, die Sie mitteilen möchten.

Fühlen Sie sich von Herzen geliebt von allen Tieren, fühlen Sie eine starke Anziehungskraft, die vor Gold und Wärme leuchtet. Sehen Sie, wie die warme goldene Kraft alle Ihre einzelnen Teile erleuchtet.

Sammeln Sie sich wieder zu einem Ganzen zusammen.

Fühlen Sie sich wie ein ganzes, starkes und reifes Individuum.

Fühlen Sie sich gesund, stark und im Einklang mit dem All.

Spüren Sie, wie Sie mit diesem Gefühl leben.

Spüren Sie das Gefühl, ganz zu sein und gebraucht zu werden.

Sie wählen selbst, mit welchem Tier Sie Kontakt bekommen wollen. Sie verschließen sich für die Tiere, an denen Sie kein Interesse haben. Heißen Sie jene Tiere von Herzen willkommen, für die Sie ein Gefühl entwickeln, zu denen Sie sich hingezogen fühlen. Sie spüren und sehen einen klaren Kontakt zu den Tieren des Universums.

Riechen Sie den Duft aller Tiere dieser Welt. Schließen Sie diesen Duft in Ihr Herz.

Spüren Sie das Gefühl, alle Tiere dieser Welt zu sein. Schließen Sie dieses Gefühl in Ihr Herz.

Sehen Sie das Universum mit den Augen der Tiere. Schließen Sie in Ihr Herz, was Sie sehen.

Seien Sie Sie selbst. Gesund, ganz und stark, mit einem leuchtenden Stirnchakra in Indigoblau, das zu wunderbarem Kontakt einlädt.

Nehmen Sie drei tiefe Atemzüge.

Zählen Sie langsam bis zwanzig.

Kommen Sie zurück ins Jetzt und Hier.

Klären Sie ihre Gedanken und schreiben Sie gern auf, was Sie erlebt haben!"


Sie werden merken, je öfter Sie diese oder ähnliche Gedankenreisen antreten, desto intensiver wird das Erlebnis. Strengen Sie sich nicht an, etwas sehen oder erreichen zu „müssen" – lassen Sie einfach geschehen, was geschieht, und lassen Sie die Gedanken fließen.

## *Übung drei: Komplexere Dinge*

So. Frisch gestärkt und genug Sauerstoff in den grauen Zellen? Dann machen wir es uns ein bisschen komplizierter.

Jetzt geht es um Ihre Leibspeise (gilt aber nur, wenn Ihr Gegenüber diese nicht kennt und Sie Ihr Lieblingsessen nicht zufällig gerade eben gegessen haben!). Sie können sich auch für eine Jahreszeit oder ein Land entscheiden.

Des Pudels Kern ist schlicht: Bei der Schwierigkeitsstufe zwei wird es abstrakter.

Bei Schwierigkeitsstufe drei wird es noch komplexer, weil Ihr Gedanke, lieber Sender, gar nicht mehr gegenständlich ist: Jetzt könnte es sich beispielsweise um einen Herzenswunsch, eine Angst, ein Ziel im Leben handeln. Oder vielleicht darum, worauf Sie sich am Ende des Tages freuen.

In meinem Fall war es schlicht und ergreifend mein kleines, in Schweden gemietetes Häuschen im Wald, keine zweihundert Meter zum Meer. Ich stellte mir vor, wie ich den Waldweg hinunterfuhr, meinen Wagen vor der Holzterrasse parkte, ausstieg und tief Luft holte, bevor ich hineinging.

Was soll ich sagen. Ich war absolut perplex, als die Frau mir gegenüber, die ich zum ersten Mal in meinem Leben gesehen hatte, die folglich keine Ahnung hatte, wie und wo ich wohnte, plötzlich von dem idyllischen Wald schwärmte, von einem roten Sommerhäuschen und einem roten Auto, das davor parkte. Und nicht genug damit: Sie war etwas irritiert, weil es in ihrer Vorstellung so komisch gerauscht hatte ... Ja, das war wohl das Meer, das man tatsächlich dort bei etwas Wind als permanente Geräuschkulisse hat.

Noch ein Beispiel? Gern.

Diesmal war ich Empfänger. Die gestellte Aufgabe von Carola lautete: Herzenswunsch.

Ich war schon ziemlich verzweifelt. Denn mit diesen Bildern in meinem Kopf konnte ich rein gar nichts anfangen. Erst sah ich einen Tiger im Urwald. Dann verschwand der plötzlich und machte dem Bild eines kleinen Anwesens inmitten von erntereifen Feldern Platz, bei dem meine erste Assoziation war: Da könnte man gut alt werden.

Während ich Kopf schüttelnd versuchte zu beschreiben, was ich gesehen hatte, traten meiner Senderin Tränen in die Augen. Sie hatte sich gewünscht, dass ihr Lebenspartner sehr alt werden möge, in seiner ganzen Kraft, und sie gemeinsam in Ruhe und Frieden ihren Lebensabend verbringen könnten.

Ich fand es faszinierend.
Aber zurück zu Ihnen. Brummt Ihnen der Schädel?
Und Sie haben auch schon Rollen getauscht?

Manchmal kann es sinnvoll sein, auch den Platz im Raum zu tauschen, wenn mal gar nichts mehr geht. Als ich auf der gemütlichen blauen Holzbank in Carolas Wohnzimmer saß, kam kein einziger Gedanke bei mir „richtig" an. Auf dem Stuhl daneben klappte es wunderbar – warum auch immer. Erdstrahlen vielleicht, mutmaßte meine geduldige Lehrerin.
Experimentieren Sie, lassen Sie sich nicht beschränken oder verunsichern. Und dann merken Sie ganz schnell:

*„Um das Gefühl zu verstehen, musst du es gefühlt haben."*

## Aufhören! Hier ist die Notbremse

Sie haben den Stein ins Rollen gebracht. Ihre telepathischen Fähigkeiten, die schon immer in Ihnen geschlummert haben, sind aufgewacht und gähnen vielleicht noch ein wenig müde vor sich hin. Aber sie recken und strecken sich bereits und bald sind sie quicklebendig.
Kann gut sein, dass Sie irgendwann gern die Notbremse ziehen möchten. Für manches Tier sind Sie vielleicht ebenfalls der erste

Mensch in seinem Leben, der es versteht, der ihm zuhört, bei dem seine Gedanken ankommen. Da wird es vielleicht zum Plappermaul, das nach Jahren eines fremdbestimmten Schweigegelübdes gar nicht mehr aufhören will. Dann dürfen Sie getrost Nein sagen. Darum halten wir es durchaus für wichtig, Ihnen als Nächstes das Bremspedal zu zeigen – bevor Sie mit dem Wagen auf der Gedankenautobahn zum Überholen ansetzen.

Für den Fall, dass Ihnen die Vorstellung unangenehm ist, quasi als „offenes Buch" durchs Leben zu laufen, geben wir Ihnen eine kleine mentale Übung mit an die Hand, wie Sie lernen können, sich abzuschirmen.

Sie halten es jetzt vielleicht noch für lächerlich, aber Sie werden die Erfahrung machen, dass Sie auch eine ganz neue Empfängnisbereitschaft für Gefühle und Gedanken von anderen entwickeln. Das kann bei sensiblen Menschen sogar dazu führen, dass Sie sich in Kaufhäusern, wo Sie mit den unterschiedlichsten Energien von Menschen konfrontiert werden, unwohl fühlen.

Oder wie eine Kursteilnehmerin mitten in der Nacht Carola anrufen und sie bitten: „Sag deinem Pferd, es soll aufhören! Es redet und redet und redet. Ich höre es ständig in meinem Kopf plappern. Und ich will schlafen!"

Wenn Sie Telepathie üben, öffnen Sie eine Tür zu Ihrem Inneren. Hier zeigen wir Ihnen, wie Sie die wieder zukriegen, damit Sie nicht unfreiwillig in einem Zustand der „offenen Tür" leben.

Es kann sinnvoll sein, das nun folgende kleine Ritual in Ihr tägliches Leben zu integrieren wie die morgendliche Dusche. Und das ist sogar ein durchaus geeigneter Ort, es auszuführen:

*„Um sich vor ungebetenen fremden Gedanken oder Gefühlen zu schützen, erinnern Sie sich daran, dass jeder von uns seit Anbeginn der Zeit einen eigenen Stern hat, oben am Himmel.*

*Lassen Sie von Ihrem Stern Licht auf sich herabregnen. Stellen Sie sich vor, wie dieses weiße, strahlende Sternenlicht Sie schützt und eine sichere Blase um Sie herum bildet, wie eine perfekte Glasglocke.*

*Das ist Ihr ‚Aus'-Schalter."*

## Telepathie zwischen Mensch und Pferd

### Die Sache mit dem Feedback

Die Vorübungen der Gedankenübertragung zwischen zwei Menschen dienten für uns vor allem einem Ziel: Auf diesem Weg erhalten Sie ein direktes Feedback. Kam Ihr Gedanke so an, wie Sie ihn fokussiert hatten? War es das, was Sie senden wollten, und hat Ihre Konzentration ausgereicht? Hat der Empfänger die Gedankenbotschaft genauso erhalten, wie Sie sie losgeschickt hatten? Sie haben ein Gefühl dafür entwickelt, wie es sich anfühlt?

Wenn Sie beginnen, mit einem Pferd oder Hund oder einem anderen Tier telepathisch zu kommunizieren, sind Sie anfangs vielleicht unsicher, ob eine beabsichtigte Reaktion nun Zufall war oder ob eine Nachricht richtig ankam.

Ich habe mich das jedenfalls oft gefragt – und das tue ich mitunter heute noch. Es kann bestimmt nicht schaden, sich ab und an zu hinterfragen und die Fähigkeiten zu überprüfen: Setzt sich mein Hund nun hin, weil er auf meinen Gedanken („Sitz!") hört, den ich ihm zu übermitteln versucht habe? Oder setzt er sich nur, weil er neugierig ist und erst mal abwarten und beobachten will, warum Frauchen mit gerunzelter Stirn so eindringlich guckt.

Stehen meine Pferde deshalb so erwartungsfroh am Weidezaun, weil sie mein Auto schon von weitem gehört haben – oder haben sie wirklich meine Nachricht erhalten: Ich habe leckere Äpfel besorgt, lade sie gerade ein und bin jeden Moment bei euch.

Ich habe mich auch schon regelrecht angeschlichen und, den vollen Futtereimer in der Hand, am Tor stehend darauf gewartet, dass die beiden sich aus dem Nickerchen im bequemen Offenstall erheben. Voller Konzentration habe ich mir vorgestellt, dass sie mich „rufen" hören und um die Ecke biegen.

Was passierte, war Folgendes: Sie kamen tatsächlich. Völlig verschlafen lugten plötzlich zwei Pferdeköpfe um die Stallwand – und pesten wie von der Tarantel gestochen keine halbe Sekunde später erst einmal drei Galoppsprünge über die Weide, um dann freudig brummelnd zu mir zurückzutraben. Wir haben uns alle drei furchtbar erschrocken. Die beiden wohl darüber, dass ich da wirklich stand, und ich, weil sie tatsächlich reagierten.

## Was Jilguero auf dem Herzen hatte

Anne-Lee Skarlen ist vor vier Jahren mit ihrem Mann Björn und den beiden Kindern Melinda und Jessica von Schweden nach Spanien ausgewandert. Vor einem Jahr erfüllte sie sich dann einen lang gehegten Wunschtraum. Sie kaufte sich einen andalusischen Hengst: den siebenjährigen Jilguero, der schwer zugänglich, ziemlich wild und unbändig war, teils sogar unberechenbar wirkte. Anne-Lee suchte gezielt übers Internet nach alternativen Methoden und jemandem, der mit ihrem Pferd sprechen könnte. So stieß sie auf ihre Landsmännin Carola. Wenige Monate später lud sie uns beide ein, sie in Barcelona zu besuchen und Jilguero zu behandeln. Hier ihre Schilderung:

*„Es fing also alles damit an, dass ich hier in Spanien mit meinem Pferd saß, das alles das verkörperte, was ich nicht haben wollte. Ich hatte keinen Hengst gewollt und schon gar keinen rohen, denn Anfänger war ich ja selbst, verglichen mit all den Profis um mich herum. Was ich von allen Seiten zu hören bekam, war, dass ich einfach nur hart mit ihm umgehen sollte. Das konnte es doch nicht sein! Er war wirklich kein Musterknabe – doch ich sah nur seine guten Seiten und dass es nicht an ihm lag, wozu er sich entwickelt hatte. Ich versuchte alles Mögliche, und wir machten sachte Fortschritte. Die Lösung war, die richtige Mischung aus verschiedenen Alternativen zu finden, und ganz bestimmt nicht die Art, wie vorher mit ihm umgegangen worden war. Schnell, hart und ohne auf seine so deutlichen Zeichen zu reagieren, dass er ja wollte, aber nicht konnte. Er kämpfte grundsätzlich, statt nachzugeben. Ich musste genauso ankämpfen gegen alle guten Ratschläge und Warnungen.*
*Aber es fehlte trotzdem noch einiges, und da ich offen bin für alles, suchte ich nach weiteren Alternativen.*

Carola hat eine fantastische Homepage mit der Aufforderung: *Ruf mich an, und ich helfe, so gut ich kann.* Das habe ich getan und wir waren gleich auf derselben Wellenlänge. So hilfsbereit und offen, positiv und sie sprühte nur so vor Energie am Telefon, dass sich das natürlich alles lösen ließe! Ich habe ihr auch Fotos von Jilguero geschickt. Sie nahm Kontakt zu ihm auf und schickte mir einen Brief, in dem sie das Folgende schrieb:

‚Jilguero sagt, dass er die Uhren stressig und nervig findet. (Siehe dazu auch das Foto auf S. 103 oben). Er ist im Grunde seines Herzens ein sehr liebes Pferd, dem es außerordentlich leicht fällt, Signale zu lesen, und der nahezu überempfänglich ist für Eindrücke, was man denkt, fühlt, wie und warum. Er ist sehr neugierig darauf, was du sonst so machst, wenn du nicht bei ihm bist, und er mag es, wenn du von deinen Kindern erzählst. Er liebt Kinder, hat aber Angst, ihnen wehzutun. Er hasst es, wenn man Bemerkungen über seinen Körper macht, wie er sich von anderen unterscheidet (darüber hast du mir etwas erzählt, Anne). Er will genauso sein wie die anderen, sich nicht aus der Masse abheben. Dies ist eigentlich ein außerordentlich zuverlässiges Pferd, es gibt nicht viel, was sein Benehmen vom Körperlichen her erklären würde. Er hat ein paar Probleme mit seinem Schweif, benötigt eine Massage dort. Der Schweif fühlt sich an der Wurzel steif an und ist nicht vollständig beweglich. Links vorne hat er eine Blockade, das Hufgelenk ist ein bisschen überanstrengt. Ein Außenband über dem rechten Knie (Hinterhand) schlupft ein bisschen vor und zurück, ein unbehagliches Gefühl. Jilguero liebt es, sich zu bewegen, und will sogar in relativ hoher Form arbeiten. Er möchte gern ein Ziel haben, um darauf hinzuarbeiten, nicht planlos, sondern mit Überlegung.

Dann erzählt er wieder von den Uhren, die so frustrierend nervig sind. Er erzählt von den Schultern seines Frauchens, auf die sollst du achten, sie sind spitz, findet er. Frauchen ist nicht ganz gerade im Rücken. Du kommst an seinen Seiten nicht gleichmäßig zu ihm durch. Der Mann, der ihn manchmal reitet, hat einen herrlichen Humor und ein ziemlich gutes Leben. Er mag den Mann. Der ist frei in seinen Gedanken.

Du, Anne, sollst dich von deinen flüchtigen Bekannten lösen, Jilguero zufolge saugen sie dich nur aus. Halt dich an die Natur, wo es dir gut geht, und mach damit weiter, das zu entwickeln, womit du begonnen hast, nicht nur hobbymäßig.

Jilguero möchte dir mitteilen, dass er dich auf seine Art weiterbringt. Indem er dich testet, macht er dich aufmerksam und fördert deine Balance, findet er. Im Ganzen hat das also wenig mit Gemeinheit zu tun.

So sehr er dich auch mag, er kann es nicht bleiben lassen, jeden Reiter zu testen, manchmal auf unterschiedliche Weise. Ihn legen zu lassen, bedeutet nicht, dass er dann aufhören würde, zu testen, aber dass er ein ‚ruhigeres Leben im Kopf' bekäme. Er hat keine größere Angst vor einer Kastration, aber auch, da er nicht richtig weiß, was das bedeutet. Er wirkt, als ob er sich schnell langweilt. Er will neue spannende Aufgaben haben, ein bisschen neue Wege gehen, eine neue Geschichte hören, neue Sachen spielen, andere Sprachen sprechen. Er mag die englische Sprache sehr. Das klingt klassisch, findet er.

Er will nicht die schweren Eisen vorne haben, die bewirken, dass er kaum gehen kann. Als Fohlen war er ein bisschen niedergeschlagen. Er will auf dem großen Feld sein und frei galoppieren, fühlen, wie alles einfach weht und wie er Grenzen sprengen kann, das wünscht er sich auf alle Fälle einmal in seinem Leben. Trotz seiner Intelligenz und seines Bewusstseins hat er Momente, in denen er überhaupt nichts versteht, wo er total blockiert und eine weiche, ruhige Anleitung braucht. Dabei dreht es sich um Situationen, wenn er neue Schulen lernen soll.

So weit, Anne! Es ist acht Uhr morgens. Ich habe eine Weile hier gesessen und ein bisschen Kontakt bekommen. Jilguero war bis Viertel nach sieben sehr redselig, dann ist er ‚verschwunden'. Was ich herausbekommen habe, gibt dir wahrscheinlich keine direkte Antwort, aber wenn du ein bisschen nachdenkst, vielleicht … Was ich empfangen habe, kann zeitlich zurückliegen, hin und her springen zwischen Dingen, die passiert sind, und dem, was in der Gegenwart passiert. Ich hoffe, dass ich damit etwas helfen konnte. Ich werde es bis heute Abend noch ein paarmal weiterprobieren. Mal sehen, ob ich ihn in eine Lücke in meinem Tagesplan quetschen kann. Umarmung, Carola.'

‚Vieles, viel zu viel', erinnert sich Anne-Lee weiter, passte aufs i-Tüpfelchen genau, und das hätte niemals auf ein anderes Pferd gepasst. Es ist auch einiges dabei gewesen, das ich nicht verstanden habe, aber ich weiß ja auch nicht alles, was er erlebt hat. Doch bei dem, was ich weiß – wie könnte ich da nicht glauben. Es war in großen Teilen so unglaublich exakt. Und Carola unterstützte mich in meiner Haltung, dass er überhaupt nicht dieser wilde, verrückte Hengst war, der nur zur Zucht taugt. Ich war nicht länger einsam. Das allein half uns schon enorm.

Es war so wunderbar und stärkte wirklich meine Zuversicht, dass ich es mit ihm schaffen konnte. Ich beschloss, weiterzumachen und dabei Carolas Worte im Hinterkopf zu behalten: Hör ihm zu, öffne dich und fühle hin, dann wird es nicht falsch. Folge deiner Intuition. Ich fand daraufhin sogar einen neuen Stall, der meine Wünsche, Pflege und Umgang betreffend, erfüllte und in dem Jilguero seine grüne Weide bekam. Ich machte so weiter, wie ich es für richtig hielt, und hörte nicht auf die Unkenrufe, nahm keinen unerwünschten Rat an. Ich arbeitete mit unterschiedlichen Alternativen und schoss mich nicht nur auf eine allein gültige Lehre ein. Alles wurde so viel besser. Ich geriet an neue, fantastische, hilfsbereite Menschen, die uns in allem, was nur möglich war, halfen. Sogar beim positiven Denken, dass es natürlich gut werden würde, mit ein wenig Geduld und Spucke. Als Carola dann später hierher nach Spanien kam, hätte es nicht besser sein können. Jetzt konnten sich die beiden begegnen, und das war ein außerordentliches Erlebnis. Der Bursche war zu dem geworden, der schon immer in ihm steckte, aber der zu sein er sich nicht getraut hatte. Sicher, sein Pfeffer und seine List sind immer noch vorhanden, und es gibt immer noch reichlich zu tun, aber es geht Tag für Tag voran. Und dabei geht es nur um den Teil seines Wesens, der gerechtfertigt und naturgegeben als Hengst nun einmal in ihm steckt. Carola fand, dass er nicht einen Deut schwieriger war, als ich geschrieben hatte, äußerst nobel, temperamentvoll, Andalusierhengst, der er immer gewesen war, aber der einfach in die falschen Hände geraten war.

Die persönliche Begegnung mit Carola war fantastisch, sie sprudelt wirklich nur so von Energie, ist einfach süß und unkompliziert. Dass sie und Jilguero sich trafen, war herrlich – sie hat genau das richtige Händchen für ihn, und er hat sie auch auf seinem Rücken spielend akzeptiert. Ich erlebte das Ganze so, als ob sie beide total voneinander fasziniert waren. Am ersten Tag hier in Barcelona teilte Jilguero das Folgende mit:

,Die Fantasie spielt mir manchmal Streiche. Ich hatte eine glückliche Kindheit, aber ich musste meine Seele zu früh entblößen, weil ich auf unterschiedliche Weise zur Arbeit herangezogen wurde. Zu früh mit allem kann Stress im Magen verursachen. Viele Pferde haben Magenbeschwerden. Viele hier (in Spanien). Aber in diesem Stall hier ist alles in Ordnung. Routine und feste Punkte. Das ist schön und heilsam. Frauchen ist lieb. Zu lieb – sie muss mehr durchgreifen, aber ich weiß, wo die Grenze langläuft. Ich habe in meinem Leben unterschiedliche Erfahrungen mit verschiedenen Menschen gemacht, sowohl lieben als auch unerfahrenen. Oft vergeuden die Leute Zeit durch ihre Unerfahrenheit. Lernt und versteht! Ich bekomme bei der Arbeit leicht so einen Druck über dem Sprunggelenk. Es geschieht nicht oft, dass ich mich richtig verausgaben darf. Ich brauche das manchmal. Über der Hinterhand benötige ich mehr Muskelmasse, und die Vorderknie haben gerade begonnen sich zu stabilisieren. Die Männer wissen um die Kunst, sie haben aber keine Kenntnisse betreffend des Ausmaßes, wie man die Kunst erreicht. Sie machen oft halbfertige Arbeit, erwarten aber Kunst in hohem Niveau. Wenn sie tüchtig sind und wissen, wie wir Kunstwerke als fertiges Produkt aussehen sollen, ist es leichter, zu verstehen. Schlimmer ist es mit Leuten, die nicht wissen, wie wir fertig ausgebildet aussehen sollen oder wie man Kunst schafft. Ich vermisse die Weintrauben und den Kaffeetisch in der Ecke. Ich liebe es, zu beobachten, wie Menschen sich aufführen. Am liebsten anderen Menschen gegenüber. Das ist interessant. Ich liebe die Mädchen, aber keine kleinen Kinder und kreischige Frauen. Ältere Männer mag ich und am liebsten solche mit Gebrechen. Ich weiß, dass ich nah dran war, in die absolut falschen Hände zu geraten. Ich hatte einen Preiszettel an mir, der die Summe unterschritt, die Frauchen für mich gab. Frauchen ist eine gute, aber konfuse Frau. Sie sollte sich gestatten, es gut zu haben. Sie hat das getan, was sie gebraucht hat – nämlich sich mal freizumachen. Ich missgönne ihr faule Tage für sich allein nicht. Ich komme klar. Ich habe es sehr gut hier. Ich will lieber Blumen rund um die Weide herum haben als darin. Auf der Weide selbst soll nur Gras sein. Und viel und gutes Wasser. Für die kleine braune Stute habe ich eine Vorliebe. Da verspüre ich Lust. Ansonsten macht es mir nicht so viel aus, dass ich mich nicht fortpflanzen darf. Das scheint nicht so wichtig. Nicht wenn man sich anschaut, dass es schon so viele Pferde gibt. Ich mag das Öl, das ich manchmal auf mich bekomme. Das macht mich schön. Das Futter ist gut und das Wasser so einigermaßen. Die Luft ist hier gesünder. Ich mag es nicht, im Auto zu fahren. Das ist eng und stressig. Sonne ist gut für mich und tut gut. Frauchen hat an Schnee gedacht oder wie das Zeug heißt, und dem will ich nicht begegnen. Obwohl ich in der Kälte gestanden habe. Oj, so kalt. Übers Unterbewusstsein lenke ich Frauchen manchmal hierher, obwohl sie sich anders entschieden hat, und dann kommt sie trotzdem her. Ich weiß genau, wann sie herfährt, denn dann plant sie, was sie mit mir machen soll. Aber ich schätze es nicht, wenn sie, statt zu planen, mobil telefoniert. Der Mann, mit dem sie zusammenlebt, mit dem habe ich keinen Kummer. Er findet gleichwohl, dass ich eine Funktion erfülle.'

So weit, was Carola bei diesem Gespräch aufgeschrieben hat. Auch in diesem Text stimmt so vieles ... an bestimmten Stellen musste ich herzlich lachen. Die können einfach nur von einem Hengst stammen, besonders die letzte Stelle, über meinen Mann. Genauso würde er sich ausdrücken. Er hat überhaupt kein Interesse an Pferden, aber eine Funktion hat Jilguero, und zwar, dass ich glücklich bin. Das bin ich – dadurch, dass gerade er meinen Weg kreuzte und dass es eine Carola gibt, die Mittel findet, zu helfen und zu zeigen, wie sensibel diese wunderbaren Tiere sind und sein können. Wenn wir uns nur gestatten, ihnen zuzuhören, und daran glauben, dass wir es können. Zu tun, was wir fühlen, und dass man nichts anderes glauben muss als das, was die innere Stimme uns eingibt. Sicher gibt es Menschen, die deutlicher hören, auch auf einem bedeutend höheren Niveau. Ich sage nur: glückliche Carola! Wirklich ein Erlebnis, das ich nicht hätte missen wollen. Es ist so wunderbar gewesen, mitzuhelfen und mit Jilguero als Fotomodell für die spanische Seite des Buches assistieren zu können, und er fand das wohl auch toll. Die Massage hat er sehr geschätzt. Carola vergöttert die P.R.E. (pura raza español) genau wie wir alle und Pferde an sich sowieso, denn sie sind wirklich einzigartige Wesen. Was uns weiterhin anbetrifft, so sieht es ganz so aus, als ob Jilguero glücklich ist, er macht sich physisch wirklich gut. Carola war zufrieden, als sie ihn durchgesehen hatte und die kleinen Fehler, die er hatte, regulieren konnte. Er hatte eine kleine Entzündung im Bug, und im rechten Sprunggelenk lagen die Sehnen falsch. Sie beseitigte die Probleme so *leicht, und ich brannte darauf, ihn am Tag drauf arbeiten zu sehen. Carola bewies unglaubliches Gespür und Wissen, sowohl die äußeren als auch die inneren Organe betreffend und auch das Skelett – und das nicht nur bei Jilguero. Meine Reitlehrerin, Rosa Llobet, bat Carola, sich ihr deutsches Dressurpferd anzusehen. Der Masseur, der bei uns im Stall arbeitet, war auch dabei. Es ging darum, auf die Probe zu stellen, was Carola finden würde. Sie fand genau dasselbe wie Jordi und noch ein bisschen mehr: Beispielsweise, dass die Nieren zu wenig arbeiteten und dass die Reiterin zwei Sättel benutzte, das Pferd aber den einen vorzog. Das Ergebnis war eine sehr überraschte und frohe Eigentümerin. Rosa, eine sehr tüchtige Frau, war mächtig beeindruckt, genau wie ich. Wir verbrachten einen schönen Nachmittag, und Carola konnte auch von Jordis Arbeit und Fähigkeiten profitieren. Er hat eine hervorragende Ausbildung und ist sehr geschickt. Sie konnten Erfahrungen austauschen, und das war Gold wert für alle. Jilguero und ich sind heute so glücklich und zufrieden. Die langatmigen Tage falscher Behandlung liegen lange zurück. Er hat anderes zu denken bekommen und wird meinem Plan, einfach noch besser zu werden, mit einer guten Einstellung folgen. Ich höre zu, so gut ich kann, alles wird gut werden und Carola treffen wir gewiss wieder. Und ich glaube, das möchte sie auch gern."*

So weit Anne-Lees Erzählung. Am Ende der Woche, nachdem Carola den P.R.E-Hengst täglich mit Massage und Stretching behandelt hatte, war die Entzündung im Bug ebenso verschwunden wie die Beschwerden an der Hinterhand. Carola sprach noch einmal mit ihm und übermittelte die offen gebliebenen Fragen Anne-Lees. Sie wollte mehr über seine Vergangenheit wissen, vor allem, was es mit den rätselhaften Uhren auf sich hatte, die er ein paarmal erwähnt hatte. Ob ihm etwas fehlte, sie mit ihm auf dem richtigen Weg war, und nicht zuletzt, ob er gern mit einer gewissen Schimmelstute, mit der sie liebäugelte, Fohlen zeugen würde. Jilguero gab zu Protokoll:

*„Ich kann mich manchmal einfach nur wundern über die Neugier, was verschiedene Sachen angeht. Die Leute glauben, dass ich so empfindlich wäre. Lasst mich doch Pferd sein. Ich bin ein Pferd. Ich habe gern Gesellschaft. Es ist gut hier. Das Leben ist gut. In Gesellschaft bin ich zufrieden. Ich bin an Sachen gewöhnt und an die Bekleidung über der Hinterhand*

und das stört nicht. Ich kann das da. Ich bin stark, aber ruhig. Das liegt im Blut. Wenn die Uhren klingeln, bin ich frustriert und unruhig, und es macht keinen Spaß mehr. Vermutlich würde es ohne besser gehen, aber ich habe so Angst davor, Schaden anzurichten. Ich habe nichts gegen Leinen an den Beinen und ich bin das absolut gewöhnt. Das hübsche Gebiss war gut geplant und für mich eingekauft, aber das hängt da sicher immer noch. Ich bin stark. Fünf Menschen wollen meine Besitzer werden. Der ältere Mann war still und stark. Ich will nicht mit dem kleinen klimpernden Ding ziehen, es soll ruhig sein und weich und groß. Ich habe Angst vor den großen weißen Vögeln. Die erschrecken mich.
Frauen sind manchmal zu viel für mich, wenn sie es gut meinen. Ich möchte gern rot sein, denn wenn ich etwas Rotes trage, bin ich stolz und hübsch. Ich will nachts nicht draußen stehen und kein gegorenes Futter fressen. Meine Hufe sind ganz schön lang gewesen, aber mit Eisen. Mein Schweif hat gejuckt und gescheuert. Die Innenseiten meiner Hinterbeine waren rau. Ich möchte nicht mit irgendwem befreundet sein, nur mit denen, die mein Ich anregen können. Sonst spielt es keine Rolle. Ich weiß, dass die Frau stark ist. Ich weiß das alles, aber der Respekt ist da und hört nicht auf. Es wird gut. Sie ist gut. Ich fühle keine Notwendigkeit, Nachkommen zu haben, aber doch klar, ich will schon. Ich habe an einem Ort gelebt, ganz oben, den schmalen Pfad hinauf, der eigentlich zu eng für ein Auto war. Komische Lampen da. Ich möchte keine lebhafte Gesellschaft auf der Weide haben, die nur immer herumredet. Lasst mich allein auf der Weide, das ist okay, ich bin es ja gewohnt."

Das Rätsel der Uhren löste sich von allein. Er hatte Carola ein Bild gezeigt, in dem er als Kutschpferd einen Wagen zog. Da wir tags zuvor das in der Region übliche Geschirr in Aktion erlebt hatten, konnten wir ihn gut verstehen: lauter kleine Glöckchen quer über der Kruppe, die bei jedem Schritt fröhlich bimmelten.
Die großen weißen Vögel konnten wir nicht mit Sicherheit enttarnen. Meinte er Möwen? Tauben?
Wenn ich mir überlege, wie er sich auszudrücken pflegt und wie geräuschempfindlich er ist, bin ich mittlerweile überzeugt, dass es sich eigentlich nur um Flugzeuge handeln kann.

## Wundermittel Telepathie?

Gedankenübertragung macht keine Wunderpferde – und auch keine Wunderreiter. Je mehr Sie üben, desto sicherer werden Sie, eingebildete von echten Reaktionen zu unterscheiden. Sie werden Erstaunliches erfahren. „Unmögliches" geschieht sofort – Wunder dauern etwas länger.

Rechnen Sie übrigens auch damit, dass Sie Dinge erfahren werden, die Sie vielleicht gar nicht wissen wollten. Nicht alle Pferde haben eine wunderbare Jugend hinter sich. So mancher Vorbesitzer hat vielleicht Dinge getan, die Ihnen die Tränen in die Augen treiben, wenn Sie sie plötzlich bildhaft vor sich sehen.

Wenn Sie ähnlich gute Antennen entwickeln wie Carola Lind, kann es Ihnen auch passieren, dass Sie Gefühle, Schmerzen oder sogar Geschmackserlebnisse empfangen können. *„Ich habe einmal einen ganzen Abend mit Milch, Pralinen, allem Möglichen gegen den Grasgeschmack angekämpft, den mir eine Stute vermittelt hat. Sie war sehr begeistert von ihrer neuen Weide und wollte das mit mir teilen."* Immerhin nett gemeint, oder?

Sicher kann Ihnen Telepathie helfen, Missverständnisse zu klären oder Rätseln auf den Grund zu gehen, die Ihr Pferd Ihnen bisher vielleicht aufgegeben hat. Das funktioniert vor allem in einer Richtung gut: wenn Ihr Pferd der Sender ist und Sie der Empfänger sind. Umgekehrt kann es mit dem gewünschten Ergebnis vor allem hapern, wenn Sie übers Ziel hinausschießen. Ein Pferd bleibt immer ein Pferd. Es denkt wie ein Pferd, nicht wie ein Mensch. Es ist durch Reflexe und Instinkte genetisch gesteuert, die sein Überleben als Beute- und Fluchttier möglich machen und gewährleisten sollen. Vergessen Sie das nie.

Natürlich können Sie sich hinstellen und Ihrem Pferd rational erklären, dass es vor dem Hund des Nachbarn keine Angst zu haben braucht, weil der gar nicht aus dem Grundstück herauskann. Wenn dieser Hund sich aber jedes Mal wieder ganz gemein anschleicht, hinterm Zaun versteckt und, wenn weder Sie noch Ihr

Pferd damit rechnen, bellend hervorspringt – ja, würden Sie sich denn nicht erschrecken und zur Seite springen, wenn Sie Pferd wären und in Ihrer Erbmasse aus gutem Grund die Furcht vor Pferdefleisch fressenden Caniden einprogrammiert ist? Ach, Sie erschrecken sich auch als Mensch, wenn die Töle so unvermittelt losbellt? Ja, und was erwarten Sie dann von Ihrem Pferd?

Ein Erlebnis, das mich tief beschämt hat, möchte ich Ihnen auch nicht verheimlichen – nur so für Ihren Hinterkopf. Es ist noch gar nicht lange her, als ich im Auto mit Hund und Sattelzeug zum Offenstall fuhr. Mit dabei hatte ich Zeitdruck, Sorgen, privaten Kummer und die Hoffnung, hier abschalten zu können – den Kopf voller Dinge also, die mit den Pferden überhaupt nichts zu tun hatten und mich „dicht" machten, mir die Ohren verstopften. Was Wunder, meine beiden sensiblen Lehrmeister stellten sich an, gaben sich ungewohnt zickig. Porky ließ sich partout nicht einfangen, machte sich einen Spaß daraus, immer knapp außerhalb meiner Reichweite vor dem genervten Frauchen mit Halfter und Strick abzuhauen. „Wenn du so weitermachst, lass ich dich hier!", drohte ich an. Und fing tatsächlich so etwas auf wie: „Lass uns besser alle beide hier!" Ha, der wollte nur nicht allein auf der Weide bleiben, grummelte ich, ohne wirklich darüber nachzudenken. Außerdem hatte ich eh geblufft. Nie würde ich eines meiner Pferde allein auf der Wiese lassen, und das wusste der alte Räuber ganz genau. Trotzdem hatte ich keine Lust auf Spielchen. Ich schickte ihn meinerseits weg und versuchte mich interessant zu machen, indem ich mich stattdessen mit Sunny beschäftigte. Freudig bellend sprang und tobte derweil meine junge Hündin Lillepuss um uns herum. Ein neues Spiel? Wer läuft wem nach? Wenigstens eine, die hier Spaß hatte! Ich versuchte ruhig zu bleiben, putzte meine Stute, gab ihr auffällig laut und übertrieben lobend Leckerlis, Orangen und Bananenstücke – Lieblingskost also. Und was machte Sunny? Blieb zwar engelsgleich stehen (ich binde meine Pferde nie an zum Putzen) und genoss die Streicheleinheiten, Striegel, Bürste, Leckerlis, Orangen, Bananenstücke – ließ mich aber nicht ihre Hufe säubern.

Ich stutzte. „Was soll das denn bloß?", fragte ich immerhin direkt – auch wenn ich nicht wirklich eine ernst zu nehmende Antwort erwartete. „Das mit dem Reiten ist heute wirklich keine so gute Idee", schoss es mir in den Kopf. Und was tat ich statt hinzuhören? Ich schüttelte den Gedanken als hausgemachtes Hirngespinst ab, fluchte in mich hinein und fragte mich statt meine Pferde, was das denn nun bitteschön alles zu bedeuten habe und ob denn heute völlig der Wurm drin sei, wo ich doch sowieso völlig im Stress war. „Auch du mein Brutus!", so fühlte ich mich. Dann setzte ich sogar noch einen drauf. Nach dem Motto: „Okay, nur spaßeshalber und um zu unterscheiden, ob dieser Gedanke von dir kam, Sunny, oder ob meine Fantasie mir einen Streich spielt: Wenn du wirklich meinst, dass wir nicht reiten gehen sollen, dann könnt ihr beiden ja mal kräftig über die Weide toben. Auf Rodeo hab ich nämlich wirklich keine Lust, das wisst ihr ja. Dann lassen wir das mit dem Ausritt eben für heute."

Prompte Antwort: „Haha, ich würde ja gern, glaub mir. Geht aber nicht. Das ist es doch. Begreif es endlich!"

Na bitte – kein Pferd tobte. Sunny sah mich nur aus großen, geduldigen Augen an und weigerte sich weiter, mir die Vorderhufe zu geben. Ich wendete mich wieder Porky zu. Der ließ sich immerhin nun putzen, weigerte sich aber ebenso standhaft wie Sunny, mir die Hufe zu geben. „Jetzt kapier es doch, du hörst uns doch, nun nutz es auch, was du gelernt hast!", schimpfte es in meinem Kopf und ich wähnte mich einzig und allein ziemlich überarbeitet.

Doch dann – endlich – begriff ich, was los war. „Sch...‚ das Eisen! Oh Gott, tut mir Leid!", entfuhr es mir. Und ob Sie's glauben oder nicht, wie zur Bekräftigung stupste Sunny mich in diesem Augenblick an und seufzte tief. In dem tiefen Boden war mir bis dahin entgangen, dass sich meine Stute ein Eisen am Vorderhuf halb abgetreten und verbogen hatte. Der Huf war zwar nicht verletzt, aber das schiefe Eisen schien ihr doch Probleme beim Auftreten zu machen. Darum also latschte sie so „frühjahrsmüde" und unlustig im Auslauf herum. Darum hatte sie mir die Hufe nicht geben wollen. Und Porky hatte ebenfalls versucht, mir auf die Sprünge zu helfen.

Wie peinlich! Das mir! Eine Gratislektion in: Zuhören will gelernt sein. Ich hoffe sehr, dass der Lerneffekt dauerhaft ist. Unser wunderbarer Schmied war keine Stunde später zur Stelle. Am nächsten Tag haben Porky, Sunny und ich einen herrlichen Ritt genossen. Und ich bekam acht frisch geraspelte und berundete Hufe so freiwillig, schnell und stolz wie selten präsentiert.

## Wille, Wunsch, Wurm und Zufall

Ebenfalls nicht unterschätzen sollten Sie den Keine-Lust-Effekt. In dem Fall können Sie senden und senden und auf Empfang schalten, wie Sie wollen – es liegt nicht immer an Ihnen!
Der eigene „tierische" Wille ist manchmal tierisch stark!
Dann scheint trotz aller Übung einfach der Wurm drin. Sie haben keine Ahnung, ob Ihre Botschaft ankam oder nicht – es kommt einfach keine Reaktion. Stand die Brücke? Steckte der Stecker? War die Verbindung gestört? Nicht unbedingt: Auch Tiere haben mal keine Lust. Wenn sie nicht immer auf Worte oder Gesten gehorchen, warum sollten sie es dann auf Gedankenbefehle tun?
Nur weil man etwas hört und versteht, heißt das ja noch lange nicht, dass man dieselbe Meinung teilt oder entsprechend reagiert. Anders formuliert: Auch funktionierende Telepathie ist keine Gehorsamsgarantie!
Und somit kein Allheilrezept gegen beißende Hunde, scheuende oder buckelnde Pferde. Allerdings hat schon so mancher Reiter endlich eine unverhoffte und überraschende Erklärung für das Gebaren seines Pferdes auf dem Reitplatz oder im Gelände erhalten. Und manches Pferd hat selbst schon wertvolle Tipps zur eigenen Heilung beigetragen.

Ich erinnere mich da an einen Wallach namens Daylight, ein Pensionspferd, das für drei Monate zum Beritt und zur Behandlung im Alternativstall eingestellt war. Daylight träumte davon, endlich wieder auf der Weide herumtollen zu können, zu galoppieren und ins

Gelände zu gehen. „*Aber das tut in den Vorderbeinen weh. Die Ostsee. Das Salzwasser könnte mir helfen. Das gefällt mir gut. Am Strand sein, das mag ich. Und Katzen.* (In jenem Moment sprang gerade eine in die Box. Erst als ich ihr nachsah, bemerkte ich die dicken Bandagen um Daylights Vorderbeine, der sich sofort wieder seinem Heu widmete.) *Lecker. Dieses Heu schmeckt wirklich gut.* (Aha, dachte ich und schrieb fleißig mit. Mein Blick glitt hinüber zu den Frauen vor den anderen Boxen.) *Das war ein netter Tag. Sehr spannend, fand ich.* (Daylight, hast du das gesagt? Mist, jetzt entglitt mir die Konzentration wirklich, fürchtete ich. Ob ich das mit dem Fokus jemals hinbekommen würde?) *Du kannst das, wenn du willst.* (Was?) *Dich konzentrieren, streng dich an.* (Mir brummt der Schädel, ich kann überhaupt keine Gedanken lesen, ich hab nur eine blühende Fantasie. Und mir ist kalt, ich will rein.) *Ja, das ist das Problem mit euch Menschen. Du hast halt kein Winterfell. Mir ist schön warm. Und das Heu ist seeehr lecker.*"

Ich habe keine Ahnung, wie es passierte, aber das war zumindest der Dialog, wie ich ihn empfunden habe. Das Geschmunzel und Gekicher in der Runde können Sie sich vorstellen, als ich mit meinem Protokoll an der Reihe war.

Spannend allerdings auch, dass Carola eine ganz andere Sache eine Weile skeptisch überlegte: Nämlich, wie Daylight auf Salzwasser und Meer kam. (Ihr Hof liegt im Landesinneren, in einem sehr bewaldeten, hügeligen Gebiet). Sie stutzte – und dann fiel ihr ein, dass Daylights Besitzer ihr Pferd wirklich vorher am Wasser stehen hatten. Und dass Meerwasser auch bei chronischen Lahmheiten helfen kann. Nun, Daylight bekam seine Salzwasserwickel, die ihm anscheinend wirklich Linderung brachten.

Und manchmal, manchmal passieren sogar so wunderbare Dinge wie dieses. Mein Schimmelchen hat mir einen Wunsch erfüllt, im vergangenen Sommer, zwei Tage, bevor ich nach Schweden aufbrach (und einen, bevor mir die Kniescheibe heraussprang und ich drei Monate nicht aufs Pferd kam). Wir waren bereits auf dem Heimweg eines langen und trotzdem viel zu kurzen Abschieds-

rittes. Unaufhaltsam näherten wir uns dem Abzweig zu dem Feldweg, der uns wieder zur Weide brachte. „Ach, wie schade. Einmal noch galoppieren!", dachte ich, während wir am langen Zügel gemächlich Richtung Heimat trotteten. Sunny bog nicht ab, wie es sonst ihre Art ist – schon zwanzig Meter vorher ordentlich abkürzend und mit leichter Tempozunahme schnurstracks in Richtung der sommerlichen Herdengefährten. Nein. Sie ging ohne einen Blick zur Seite an der Weggabelung vorbei, schnaubte, trabte an und schenkte mir eine Abschiedsrunde auf unserer Lieblingsgaloppstrecke: die nächste links, rein in den Wald, auf den Heidesandweg und ab durch die Mitte. Ich liebe dieses Pferd!
Vielleicht sind das wirklich bloß Zufälle. Darüber lässt sich nicht streiten – oder gerade doch, je nach Standpunkt. Meiner ist: Ich glaube nicht an Zufälle.

Im Schwedischen bedeutet übrigens das Wort „tillfällighet" Zufall. „Tillfälle" – ein sehr ähnliches Wort dagegen heißt Gelegenheit, Chance, Möglichkeit, Zeitpunkt. Schlägt man unter dem deutschen Wort Zufall nach, findet man neben der Übersetzung „tillfällighet" auch die Vokabeln „slump" und „öde". Letzteres wiederum heißt darüberhinaus auch „Schicksal".

## Affirmationen und Empfänglichkeit

### Was unsere Antennen manchmal blockiert und den Empfang stört

„Tiere sind sehr empfänglich für Signale. Für Ihre Signale. Ihr Tier liest in Ihnen wie in einem offenen Buch. Es kann mit bloßem Auge sehen, was Sie denken. Tiere denken in Bildern. Sie versuchen täglich mit Ihnen zu kommunizieren, schicken Ihnen Bilder, um zu erzählen, zu erklären, ja, ganz einfach, um sich mit Ihnen zu unterhalten.
Wenn wir ängstlich sind, gestresst, uninteressiert, verschließen wir das System, das es ermöglicht, hellhörig, feinfühlig auf die Wünsche unserer Freunde zu reagieren. Das merken Tiere und werden noch hartnäckiger darin, uns Signale zu senden. In Bildern, ihrer vornehmlichen Art zu

reden. Wenn man beharrlich den Signalen seines Tieres keine Aufmerksamkeit schenkt, wird es frustriert (und reagiert wie ein Kind). Tiere können anfangen zu beißen, zu treten, widerspenstig zu werden – die Liste kann man endlos fortführen.

Bestimmt waren Sie schon einmal mit einem Pferd zusammen, bei dem Sie buchstäblich nur denken mussten, und schon hat es Ihnen gehorcht. Zwischen Ihnen gab es eine klare Kommunikation, ohne Blockierungen. Sie haben sich ganz einfach Bilder gesendet, wahrscheinlich sogar unbewusst, ohne es zu merken.

Dieses System ist so raffiniert, dass Ihre Gedanken in Bilder umgewandelt werden, die das Tier lesen kann, und die des Tieres werden umgewandelt in die Art Signale, für die Sie empfänglich sind. Oft sind das Worte, aber auch Geschmack, Gefühle, Wärme und Kälte können wie gesagt wahrgenommen werden.

Sie strömen so sanft und weich in Ihr Bewusstsein, dass Sie es für eigene Signale halten. Mit einigen Wesen kann man sich leichter verbinden, man liegt gleichsam eher auf derselben Wellenlänge, genau wie man es von Menschen kennt.

In Wirklichkeit können Sie schon längst Bilder an Ihr Tier schicken und welche zurückbekommen. Sie erleben das unbewusst bereits Tag für Tag: Nur hielten Sie es bisher für Ihre eigenen Gedanken.

Pferde, ja überhaupt alle Tiere, lieben es, mit uns zu kommunizieren, und finden, dass dies lebensnotwendig ist. Sie suggerieren uns viel mehr, als wir glauben wollen oder können. Die Tiere sind sehr ermüdet, immer nur missverstanden zu werden. Sie begrüßen die „neue Zeit", wie man so leicht dahersagt.

SIE können sich, ALLE können sich einem höheren Bewusstsein öffnen, IHREM Bewusstsein.

### Was ist eine Affirmation?

Das ist ein Gedanke mit viel Kraft. Alles beginnt mit einem Gedanken. Wenn Sie jeden Tag einen positiven Gedanken eine Zeit lang im Fokus behalten, werden Sie sehen, dass es so geschieht, wie Sie es sich vorgestellt haben. Das ist eine Affirmation. Konzentrieren Sie sich auf das, was Sie *tun oder haben wollen. Denken Sie NUR positiv darüber. Sehen Sie sich selbst in verschiedenen Positionen und seien Sie überzeugt, dass Sie es schaffen. Klar, dass Sie es können!*

*Glauben Sie daran, dass es funktioniert. Tun Sie es nicht ab, wenn Sie nicht direkt eine Antwort bekommen, üben Sie weiter. Fokussieren Sie das, was geschehen soll. Wenn nichts anderes daneben geht, bekommen Sie das, was Sie sich gewünscht haben, und dann haben Sie ein unschätzbares Wissen, an dem Sie andere teilhaben lassen können."*

## Sich mit dem Pferd verkabeln – Vorbereitungen

Jetzt wollen Sie aber endlich wissen, wie Sie es denn nun anstellen, selbst mit Ihrem Pferd sprechen zu können, richtig? Kein Problem. Das nötige Handwerkszeug hatten Sie von Anfang an. In der Zwischenzeit haben Sie gelernt, wie Sie es „am Menschen" einsetzen. Und eigentlich wissen Sie auch schon, wie Sie es „am Pferd" benutzen können: Es funktioniert in derselben Weise. Kommen wir also zur Praxis:

### Vorbereitung:

Gehen Sie in den Stall oder auf die Weide – suchen Sie eine ruhige Stelle aus, wo Sie mit Ihrem Pferd möglichst ungestört sind. Wählen Sie eine Tageszeit, zu der das Pferd sich nicht abgelenkt fühlt, weil es voller Vorfreude aufs Futter lauert oder eigentlich die übliche Zeit für den Ausritt wäre. Wenn es kalt ist, ziehen Sie sich warm an – oder cremen Sie sich mit Schutzmittel ein, wenn die Sonne brennt. Das empfehle ich Ihnen nun keineswegs, weil ich ein besonders mütterlicher Typ wäre.

Bedenken Sie nur alle möglichen Faktoren, die Sie oder Ihr Pferd später ablenken könnten, wenn Sie eigentlich gerade so schön dabei sind, mit Ihrem Pferd zu sprechen und alles prima läuft. Mitten in einer gut laufenden Telepathiesession wäre es doch furchtbar, wenn Sie plötzlich merken, dass Sie vorher hätten auf die Toilette gehen sollen, oder etwas in der Art.

### Handwerkszeug:

Nehmen Sie sich Papier, eine Schreibunterlage und einen Stift mit. Denn am Anfang werden Sie schriftlich kommunizieren, das ist einfacher. Wieso, erkläre ich gleich.

### Ort:

Ob Sie sich zu Ihrem Pferd in den Auslauf oder die Box gesellen, ist Geschmackssache und hängt nicht zuletzt vom Verhältnis zwischen Ihnen und Ihrem Pferd ab. Wenn es neugierig an Ihnen herumgnabbelt und Ihre Unterlage benagt, kann das eventuell störend sein, weil es SIE ablenkt.

Für die Qualität der Gedankenübertragung spielt es jedenfalls keine Rolle, wie dicht Sie dran sind. Was das angeht, so können Sie sich getrost einen bequemen Stuhl oder Heuballen außerhalb der Reichweite Ihres Pferdes schieben und es sich bequem machen.

## Wie Tussilago zu seinem Namen kam

Über Primus Hammering – genannt Tussilago (Huflattich)

*„Als ich Primus geholt und bei mir zu Hause hatte, machte er umgehend deutlich, dass er mit seinem Namen nicht zufrieden war.*

*Er gab mir kleine Winks, dezente Hinweise von einem Blumenkranz in seinem Kopf. Er ließ mich eine fein abgestimmte Sammlung verschiedener Blumen riechen, aber besonders eine bestimmte Sorte, die er Huflattich nannte – Tussilago.*

*Ich bin nicht besonders bewandert in Blumenwelt und Botanik, verstand aber wohl, dass das etwas war, was ihm ganz schön viel bedeutete.*

*Auf einem der Tierkommunikationsseminare im vergangenen Herbst kam das Thema erneut zur Sprache. Ein junges Mädchen kam zu mir und wurde sogar rot, als sie sagte Primus wolle ,Tussilago' heißen. Behauptete sie einfach so …*

*Ich lachte und erzählte, dass wir ihn tatsächlich bereits so riefen, unseren Goldjungen. Beim nächsten Kurs, im Dezember desselben Jahres, gab es noch eine junge Frau, die schon wieder berichtete: ,Der große Dunkelbraune da drüben will unbedingt einen Namen haben, der etwas mit einer Blume zu tun hat!' ,Frag ihn, ob er Tussilago heißen will', sagte ich. Und die Frau kam lachend zurück: Ja, genau, das wars, so will er heißen. Er will sogar Blumen in der Box haben.'*

*Ich sprach daraufhin mit seiner früheren Besitzerin. Aber sie konnte absolut nicht verstehen, wo er das herhaben könnte, und sah mich äußerst fragend an, als ich diesen in ihren Augen ziemlich obskuren und abgedrehten Kommentar abgab.*

*Egal – wir nennen ihn Tussilago, und damit ist er wirklich vollkommen zufrieden.''*

## Los gehts

So. Sie sitzen oder stehen an einem bequemen Ort, niemand lenkt Sie beide ab.

Genau wie vorhin, als Sie mit Ihrer Freundin oder Ihrem Freund geübt haben, bauen Sie nun wieder eine Gedankenbrücke auf.

Lassen Sie sich nicht aus dem Konzept bringen, wenn Ihr Pferd nun womöglich nicht wie angewurzelt stehen bleibt und Ihnen auch nicht tief in die Augen sieht. Das tut es sonst wahrscheinlich auch nie. Manche Pferde stehen während der telepathischen Zwiesprache scheinbar teilnahmslos in einer Ecke und schauen in die Ferne. Andere stieren ins Leere, beschäftigen sich gar mit anderen Dingen oder Artgenossen und laufen umher. Als Fluchttiere sind Pferde gezwungen, mehrere Dinge gleichzeitig zu können. Das sichert ihr Überleben.

Carola Lind behauptet gar, dass Pferde in der Lage sind, mit mehreren hundert Artgenossen gleichzeitig Kontakt aufzunehmen. So erklärt sie zum Beispiel den gleichzeitigen Aufbruch aller Herdenmitglieder, sobald die Leitstute Gefahr signalisiert. Ganz ohne dass Augenkontakt zwischen allen Pferden möglich wäre, und zu schnell, als dass ein Dominoeffekt auch das letzte Pferd in Bewegung gebracht haben könnte.

Visualisieren Sie wie in den vorigen Übungen. Stellen Sie sich vor, dass Sie auf Höhe des Stirnchakras eine Telefonschnur zwischen sich haben.

Sie erinnern sich: Diese Telefonleitung, Brücke oder Lichtbahn sitzt zwischen der Mitte Ihrer Stirn und der des Pferdes. Durch diese Verbindung hindurch können Sie ein Bild schicken und umgekehrt auch empfangen.

*„Wenn Sie ein Bild an ein Pferd schicken (oder an ein anderes Tier), so geht es dabei nicht um irgendetwas, das Sie herauspressen sollten. Die Gedanken, die Sie denken, liest das Pferd, ob Sie es wollen oder nicht. Es fragt Sie nicht um Erlaubnis. Für das Pferd ist Telepathie eine selbstverständliche Verständigungsweise. Es kann Sie jederzeit so klar ‚hören‘, als ob Sie neben ihm stünden und ihm gezielt etwas ins Ohr flüsterten. Daher geht es eigentlich viel eher darum, dass Sie sich bewusst machen sollen, was Sie denken!"*

## Was Sie schon immer von Ihrem Pferd wissen wollten …

… und sich nie zu fragen trauten? Jetzt wollen Sie aber bitte nicht gleich alles auf einmal, oder? Heben Sie sich komplizierte Fragestellungen vielleicht besser für später auf. Wie beim Üben mit einem menschlichen Gegenüber: Klein anfangen. Einverstanden? Gut. Dann los:

### Übung:

Schließen Sie die Augen. Lassen Sie die Gedankenbrücke entstehen, schalten Sie auf Empfang. Am einfachsten ist es, dem Tier eine Frage zu stellen, die Sie vorher bereits notiert haben. Entweder laut raus damit oder leise für sich selbst. Halten Sie den Stift bereit und schreiben Sie die Antwort auf. Der erste Gedanke, die erste Eingebung, die Ihnen in den Sinn kommt, hat Ihnen das Pferd geschickt. Wenn Sie es auch für noch so merkwürdig halten – urteilen Sie nicht. Schreiben Sie auf. Direkt da, wo Sie sitzen. Wenn Sie keine Antwort empfangen, pressen Sie nicht mit Gewalt. Gehen Sie weiter zur nächsten Frage.

Halten Sie die geistige Verbindung. Spüren Sie immer noch, dass Sie angedockt haben? Gut. Dann schreiben Sie weiter mit. Deswegen haben Sie ja die Schreibsachen zu Ihrem Pferd mitgenommen. Beispielfragen: Was ist deine Lieblingsjahreszeit? Was frisst du am liebsten? Geht es dir gut? Fehlt dir etwas zum Wohlfühlen? Wie alt bist du? Welche Farbe magst du am liebsten um dich?

### Tipp:

Wenn Sie sich ein Pferd ausgesucht haben, das Sie nicht (so gut) kennen – also nicht unbedingt Ihr eigenes –, haben Sie es leichter, sich nicht „in die eigene Tasche zu lügen".

### Vorsicht, Falle!

Sie werden merken, dass Sie anfangs schnell Gefahr laufen, alles Mögliche zu vermischen: was Sie sehen, was Sie hören, was Sie ohnehin schon wissen über das Pferd. Jeder von uns macht sich schneller Bilder von etwas oder von jemandem, als ihm lieb oder bewusst ist. Wenn Sie ehrlich telepathisch Zwiesprache halten wollen, müssen Sie das ausschalten und wirklich zuhören. Nehmen Sie nur das auf, was ihnen übermittelt wird.

Bei einem fremden Pferd – dessen Besitzer Sie natürlich vorher um Erlaubnis gefragt haben! – haben Sie außerdem die Chance, Ihre Antworten überprüfen zu können: Fragen Sie doch mal schlicht: Wie heißt du? (Mmhh – nein, die Frage kann nach hinten losgehen. Formulieren Sie besser so: Wie haben deine jetzigen Besitzer dich getauft, wie rufen sie dich? Sie ahnen schon, worauf ich hinauswill: Manches Pferd trägt vielleicht einen anderen Namen, als an der Boxentür steht – vergleichen Sie dazu Tussilagos Geschichte!)

Oder Sie fragen: Was gabs heute Vormittag zu fressen?

Dann kriegen Sie schnell raus, ob Sie fantasiert oder gemogelt haben – oder ob Sie es wirklich geschafft haben.

Zuhören will gelernt sein, vor allem wenn man auf Hilfsmittel wie Ohren verzichtet!

Übrigens: Wir haben die Erfahrung gemacht, dass es auch eitle Pferde gibt. Man munkelt, dass in Pferdekreisen mitunter mit dem Alter kokettiert wird. Also lassen Sie sich nicht ins Bockshorn jagen und behalten Sie im Hinterkopf:

„*In derselben Sekunde, in der Sie die Frage stellen, bekommen Sie Ihre Antwort. Tiere sind sehr direkt in ihrer Art der Kommunikation. Der erste Eindruck, den Sie bekommen, das erste Bild, das erste Gefühl, der erste Duft, exakt das Erste, was kommt, das ist das Richtige. Also ebenfalls genau wie in den Vorübungen Mensch zu Mensch.*
*Nach ein paar Sekunden schon haben Sie zu lange gewartet. Dann schaltet sich Ihr Kopf ein. Sie denken und sind bereits dabei, Ihre eigenen Überlegungen und Fantasien mit hineinzustricken und die tatsächlich geschickten Bilder auszuschmücken – durch etwas, was nichts anderes als ein Produkt Ihres eigenen Kopfes ist.*"*

Darum ist es auch entscheidend, dass Sie eine Antwort nicht umgehend, noch während Sie „dabei" sind, analysieren und auf den Wahrheitsgehalt prüfen. Sie werden rasch merken, dass der Gedankenfluss sofort gebremst wird oder die Verbindung ganz abreißt, wenn Sie eine Denkpause einlegen. Carola weiß sogar zu berichten, dass eine Gedankenübermittlung ins Stocken geriet, als sie im Geiste eine Rechtschreibdiskussion anfing. Und nicht nur einmal wurde sie dazu gebracht, Worte aufzuschreiben, deren Bedeutung sie später erst im Lexikon herausfand.

Fragen Sie Ihr Pferd doch mal nach seinem Lieblingstraining, dem Weidekumpel … Es wird Ihnen sicher genug einfallen. Gehen Sie bei den Schwierigkeitsstufen ähnlich steigernd vor wie bei den Mensch-zu-Mensch-Versuchen. Fragen Sie erst einfachere Dinge, dann gehen Sie zu komplexeren Inhalten über.
Oft sind selbst die Antworten auf recht schlichte Fragen erstaunlich. Vor allem wenn man verschiedene Kommentare vergleichen kann. Carola Lind schickt ihre KursteilnehmerInnen gern mit einer Liste von drei oder vier Fragen an drei verschiedene Pferde los.

Ich war neugierig, was mir meine drei Kandidaten denn so zum Thema Hufschmied und Beschlag zu berichten hätten.

Robin antwortete lakonisch: „Es riecht halt immer ein bisschen merkwürdig."

Primus Hammering – pardon, Tussilago – erteilte mir eine glatte Rüge: „Schaust du vielleicht mal genau hin: Ich HABE gar keine Eisen." (Erwischt! Darauf hatte ich wirklich nicht geachtet.)

Und Daylight schließlich übermittelte mir ein Bild, eine richtige kleine Szene. Ich sah, wie ein Schmied das Hinterbein anhob, das dampfende Eisen auflegte. Dann wurde gehämmert – Daylight zuckte zusammen und zog den Huf abrupt weg. Das hatte wehgetan! Ich fühlte es beinahe. Doch er sagte nur dazu: „Ich fühle mich ein bisschen unsicher auf den Beinen." Meine Nachfrage ergab, dass es stimmte: Erst vor kurzem hatte der Schmied tatsächlich vernagelt, und zwar jenes Hinterbein, das ich gesehen hatte.

### Nächster Schwierigkeitsgrad:

Eine spannende Übung ist es, mit Düften oder Geschmack zu experimentieren. Fragen Sie doch einmal: Wo fühlst du dich besonders wohl? Wenn Ihnen das Pferd ein Bild, eine Szene oder Situation übermittelt, fragen Sie nach: Warum? Wie fühlt sich das an? Entwickeln Sie Fragen aus den Antworten, weichen Sie ab vom vorgefertigten Konzept. Fragen Sie spontan nach, während Sie telepathisch über die Gedankenbrücke verbunden sind.

Noch eine kleine Anekdote gefällig? Das haben die drei auf meine Frage geantwortet, wie sie es denn fänden, heute (an einem Kurstag) mit so vielen Menschen zu sprechen:

Robin:
*„Stör uns bitte jetzt nicht. Ich rede gerade mit einer anderen Frau. Das siehst du doch. Sie kann sich sonst nicht konzentrieren."*

Tussilago:
*„Es ist toll, dass die Leute sich dafür interessieren."*

Daylight:

*„Ich würde ja lieber rausgehen. Die Sonne scheint so schön. Auslauf. Auslauf! Kannst du mich nicht rauslassen? Will nicht in der Box sein.“*

Die Erklärung ahnen Sie vielleicht schon: In Carola Linds Alternativstall stehen die Pferde tagsüber grundsätzlich auf die verschiedenen Ausläufe und die Hausweide verteilt. Sie verbringen nur die Nacht im Laufstall oder den Boxen – außer bei absolut ungünstiger Witterung oder eben ein paar Stunden an einem Kurstag.

*Komplexere Übung:*

Wenn Sie sich einigermaßen sicher darin fühlen, mit vorformulierten oder spontan gestellten Fragen zu arbeiten, gehen Sie dazu über, zu empfangen, was kommt. Schließen Sie die Augen, nehmen Sie drei tiefe Atemzüge, machen Sie sich innerlich leer, während Sie die Gedankenbrücke aufbauen, und schreiben Sie mit, was kommt: Bilder, Worte, Gefühle, Geschmack. So werden Sie immer unabhängiger. Lassen Sie es fließen. Nehmen Sie sich selbst zurück. Seien Sie Medium. Sie sind nur die Hand, die den Stift führt. Was Sie aufschreiben, bestimmt das Pferd.

## Mentale Vorbereitung – Tipps von Carola Lind

Am leichtesten wird Ihnen die mentale Kommunikation mit Ihrem Pferd gelingen, wenn Sie sich wie bei einer geführten Meditation in das Geschehen in Ihrem Kopf hineinsinken lassen. Prüfen Sie vorher Ihre Einstellung. Sie sollten ausgeglichen und liebevoll sein – Carola beschreibt das so:

*„Für mich ist das Pferd nicht einfach irgendein Tier, das es zufällig gibt. Für mich sind Pferde anbetungs- und vergötterungswürdige Wesen. Ich begreife mich als glückliches Individuum, das die Ehre hat, dem Kern der Liebe so nahe zu sein: dem Pferd. Kein anderes Tier ist so zufrieden mit seiner Familie, kein anderes ist so gerecht. Alles, was während der Begeg-*

Bei der Kutschfahrt mit zwei P.R.E.-Zuchthengsten der Finca Can Morató erkannten wir Jilgueros „Uhren": die traditionellen Glöckchen im Geschirr über der Kruppe.

Pferdeglück im Sand: Sich nach Herzenslust wälzen dürfen.

Die Stangenarbeit kann mental soweit trainiert werden, dass der Mensch bestimmt, welches Bein das Pferd als nächstes hebt.

Schicken Sie Ihrem Pferd gedanklich Bilder, wie es ohne Grund zur Aufregung ruhig stehen bleibt. Mit etwas mentaler Übung können Sie Ihr Pferd richtig gehend einwickeln!

Fürs Foto überdeutlich dargestellt: Um das Pferd körpersprachlich einzu-
laden, näher zu kommen, nimmt Carola bei der ersten Begegnung eine
demütige Haltung ein: „Ich bin dein Freund. Komm näher, wenn du magst.“

Einige Minuten später schreitet Jilguero zur
sympathiebezeugenden „Fellpflege“.

Wie viele Rettungsleinen brauchen Sie wirklich? Ist Ihr
Pferd Ihr Gefangener? Wie wollen Sie da wahre Freunde
sein ... Diese Hilfszügel und Zusatzinstrumente sind nur
ein Bruchteil dessen, was man mir nach dem Pferdekauf
für Sunny empfohlen hatte. Ich habe die Sachen nur fürs
Foto noch einmal aus der Mottenkiste geholt.

Harmonie vom Sattel aus. Carola
zeigt Mimi schon beim ersten Ausritt Richtungswechsel mit Gedankenkraft und reduzierten Gesten an.
„Wichtig ist, dem Pferd schon zehn
Meter vorher ein Bild dessen zu
übermitteln, was es tun soll."

Ungeknebelt und ungefesselt, am
langen Zügel wurde meine Araber-
Lippizanerstute sehr schnell sehr
ausgeglichen – trägt sich und mich
trotzdem, und wir haben beide
gemeinsam viel Freude.

nung mit einem Pferd mit Ihnen passiert, geschieht aus Liebe: Sie sollen nämlich lernen! Wenn Sie einen Fehler machen, zeigt das Pferd das direkt durch seinen Unwillen. Nehmen Sie diese einzigartigen Unterrichtsstunden für sich an. Lassen Sie es zu. Schmecken Sie es. Fühlen Sie es. Dies sind Ihre Richtlinien, wie Sie sich dem Pferd gegenüber verhalten sollen – bzw. wie nicht.

Manchmal erlebt man schwere Stunden im Leben. Da ist es schön, richtige Freunde zu haben. Richtige Freunde lassen einen nicht im Stich. Haben Sie einmal darüber nachgedacht, wie oft Sie Ihr Pferd im Stich lassen, es enttäuschen und verraten?

Jedes Mal, wenn Sie den täglichen Auslauf oder Weidegang streichen, jedes Mal, wenn Sie am Heu sparen, obwohl es für Ihr Pferd wichtig ist, jedes Mal, wenn Sie auf eine Art Rettungsleine wie Ausbinder, Sporen oder Gerte zurückgreifen. Jedes Mal, wenn Sie das Pferd schlagen, weil die Kommunikation nicht gelungen ist. Jedes Mal …

Versuchen Sie kleine Augenblicke der Nähe entstehen zu lassen, dehnen Sie diese allmählich aus. Machen Sie sich selbst nicht zu viel Druck, unbedingt Erfolg haben zu müssen. Der Versuch, das Bemühen allein genügen für den Anfang voll und ganz!

Setzen oder stellen Sie sich, wie es Ihnen bequem ist, an die Seite des Pferdes. Lassen Sie Ihre Seele, Ihre Sinne ins Pferd eintauchen. Werden Sie eins. Schließen Sie alles andere um sich herum aus. Lassen Sie sich vom Energiefeld des Pferdes umfangen, tauchen Sie in seine Aura ein. Lassen Sie es zu, die Empfindungen des Pferdes zu fühlen. Lassen Sie es zu, seine Gedanken zu sehen. Werden Sie Pferd. Sehen Sie, was das Pferd sieht. Denken Sie, was das Pferd denkt.

Fühlen Sie, wie Ihre eigenen Gedanken ausgefüllt werden von anderen Gedanken, die sich von Ihren völlig unterscheiden. Spüren Sie, wie Sie Teil haben dürfen an Gefühlen, betrachten Sie die Bilder, die in Ihr Bewusstsein strömen. Schmecken Sie die Geschmäcker, die das Pferd vermittelt, weinen Sie seine Tränen. Fühlen Sie in Ihrem eigenen Körper die physischen Beschwerden des Pferdes – es geht zu einem gewissen Grad. Nehmen wir an, das Pferd hat eine Geschichte, die es Ihnen mitteilen möchte. Seien Sie bereit für alles Mögliche, was da kommen mag. Klammern Sie alles, was Ihr eigenes Ding ist, aus, schieben Sie es beiseite und *lassen Sie sich von den Energien des Pferdes umfangen. Heißen Sie diese Flut willkommen und lassen Sie sie zu.*

*Fühlen Sie, wie Ihr Bewusstsein mit Informationen angefüllt wird, vielleicht nicht ganz unähnlich Ihren eigenen Gedanken. Aber Sie erkennen diese Bilder doch nicht richtig wieder.*

*Nehmen Sie jedes einzelne Bild für sich an, schließen Sie es in Ihr Herz. Sie müssen jede einzelne Sequenz verkosten, denn es wird mehr kommen. In dem Moment, in dem Sie versuchen, ein Bild zu überspringen, kommt sofort alles zum Erliegen.*

*Ich liebe es, das Gesehene in Frage zu stellen, nachzufragen, die Bilder zu erweitern, zu analysieren. Zerpflücken Sie die Bilder in Atome und stellen Sie Fragen zu jedem einzelnen. Pferde lieben das und antworten in den allermeisten Fällen gern.*

*Schätzen Sie die ankommenden Informationen auf keinen Fall gering. Das wäre dasselbe, als ob Sie das Pferd selbst beleidigen würden. Es teilt Ihnen etwas mit, weil es Ihnen vertraut!*

*Gehen Sie jeden Körperteil durch, fühlen Sie in sich hinein, ins Pferd hinein. Halten Sie inne. Spüren Sie nach: Gibt es da ein Problem? Wie fühlt es sich an? Was sagt das Pferd?*

*Fragen Sie nicht den Besitzer, was er für Schwierigkeiten mit dem Pferd hat. Fragen Sie doch direkt das Pferd, was es für ein Problem mit seinem Besitzer hat! Da werden Sie der Sache schon näher kommen.*

*Notieren Sie gern jedes einzelne Detail, da Sie sich wahrscheinlich hinterher nicht an ein einziges Wort oder Bild erinnern werden, das durch Ihren Kopf geflossen ist."*

Wenn Sie erst einmal so weit sind, dürfen Sie sich getrost ultrafortgeschritten nennen. Dann sind Sie schon gut vorangekommen auf dem Weg der Telepathie, der Reise zum Pferd mit dem sechsten Sinn.

Hier noch einmal kurz zusammengefasst, worauf Sie als Anfänger achten sollten: Nehmen Sie Papier und Bleistift mit, wenn Sie zu einem Pferd gehen, um mit ihm zu kommunizieren. Reinigen Sie Ihre Gedanken, stellen Sie sich die Gedankenbrücke vor, halten Sie die geistige Verbindung und schreiben Sie eine Frage auf. Hören

Sie auf zu denken, hören Sie stattdessen zu. Nehmen Sie das entgegen, was Sie in der nächsten Sekunde bekommen. Schreiben Sie es auf. Überlegen können Sie später. Stellen Sie dann die nächste Frage usw.

Am Ende fließt es einfach und nach einer Weile brauchen Sie keine Fragen mehr zu stellen. Sobald Sie angedockt haben, sind Sie mitten im Gedankenfluss des Pferdes. Dafür müssen Sie dann Schnellschreiben lernen! Oft sprudelt es aus den Tieren derart heraus, dass Sie es kaum schaffen, hinterherzukommen. Weil sie sich endlich, endlich mitteilen können.

Davon kann Lotta Dahl aus Satserup ein Lied singen. Ich sprach mit ihr, knapp drei Monate nachdem sie einen Tierkommunikationskurs bei Carola mitgemacht hatte:

*„Vor dem Kurs dachte ich, nääähh – das kann ich bestimmt nicht, aber ich wollte es trotzdem zumindest probieren. Dass andere, zum Beispiel Carola, mit Tieren sprechen können, davon bin ich vollkommen überzeugt. Während des Seminars, als wir mit den Pferden übten, fing ich einige Bilder auf, ein paar Sätze und sogar Gefühle von ein paar Pferden. Als wir im Anschluss die Ergebnisse durchgingen, stimmte es wirklich!*

*Ich halte große Stücke auf Carola (ich habe übrigens ein Pferd von ihr gekauft, Tuffe), sie ist ehrlich und geradeaus und kümmert sich WIRKLICH um Tiere!*

*Ich übe hier und da ein bisschen, tue mich schwer, meinen Kopf von eigenen, nicht zur Sache gehörenden Gedanken zu ‚leeren'.*

*Ich müsste eigentlich wirklich mal mehr meditieren oder einen laaaaangen Urlaub machen, um zur Ruhe zu kommen.*

*Ich habe meinen beiden Pferden Magne (American Standard Bred Traber) und Tuffe gesagt, dass ich es schwer habe, ihre Gedanken klar zu empfangen.*

*Seitdem haben sie sich angestrengt, mir Dinge extra deutlich über ihre Körpersprache zu zeigen – ganz gewiss also, dass sie das verstehen, was ich sage und denke!"*

### Conrad, achtjähriger Wallach, Fjord/Nordschwede

„Mein Frauchen ist total empfindlich. Sie hat es leicht, über die Stränge zu schlagen, was Geduld angeht.

Ich habe viele Kumpels, die mich stützen, aber am liebsten mag ich Mädchen, kleine dunkle Mädchen.

Hunde riechen merkwürdig.

Ich bin von Augen fasziniert. Ich will anderen Individuen immer in die Augen sehen, wichtig für mich.

Ich kann sauer werden, aber nicht sooft.

Frauchen will offenbar umziehen, sie fühlt sich nicht so richtig wohl.

Ich will ziehen, fühlen, wie die Muskeln sich spannen und anstrengen, geritten werden … njein … nur wenn es ruhig und weit ist. Ich kann mich schon von meiner besten Seite zeigen, und als Jungpferd war ich in perfekter Form, sehr hübsch.

Ich will keine geschnittene Mähne haben, ich will den Schweif geschnitten haben, aber nur bis zur Fessel.

Will eine Weile auf meinen Gliedern stehen und darüber nachdenken, ob ich mich irgendwohin bewegen soll.

Und das kleine helle Mädchen ist ja wunderbar.

Katzen sind ein wichtiger Bestandteil, lasst hier viele sein.

Die dunkle Frau mit den scharfen Gesichtszügen ist unfreundlich, aber das ist sie, weil sie müde ist.

Das neue Pony wird traurig sein.

Ich denke viel, will lustige Sachen machen.

Ich will nicht frieren, will nicht nass sein, ich mag Heu.

Will eine weiche Unterlage in der Box haben, will schlafen können. Will einen Salzstein haben, will bei den Fichten sein.

Bin zufrieden mit meinen Hufen, will zu Willen sein, aber trotzdem auch ein bisschen eigenen Willen zeigen.

War himmlisch als Fohlen, aber die sagten, ich hätte eine langweilige Farbe.

Meine Augen sind gut.

Fingert nicht zu viel in meinen Ohren herum.

Frauchen soll viele Katzen haben."

Conrads Besitzerin, Pia Bergkvist aus Kalmar, schreibt:

*„Ich war vorher wirklich skeptisch. Ich glaubte nicht an ‚so etwas‘, bevor ich das Ergebnis gesehen hatte. Aber nach der Behandlung, nach dem ‚Gespräch‘ bin ich ÜBERZEUGT davon, dass es funktioniert.*
*Es hat meine Gefühle total ‚durcheinander gewirbelt‘, als Carola wiedergab, was Conrad gesagt hatte. Alles was er erzählt hatte, stimmte. Jetzt geht es ihm supergut! Er ist glücklich und freut sich des Lebens.“*

## Telepathische Kommunikation über Entfernungen

Zeit und Raum spielen bei der Telepathie keine Rolle.
Das ist logisch, wenn man einmal darüber nachdenkt. Gedanken brauchen natürlich keine Transportmittel wie Flugzeuge oder Autos, um Distanzen zu überwinden. Wie heißt es im Volkslied so schön: „Die Gedanken sind frei, mit den Wolken zu ziehen …“ Ja, und da ist sogar was dran. Gedanken steht kein schwerfälliger Körper im Weg. Das bedeutet schlicht und ergreifend:

*„Sie können Kontakt aufnehmen mit Tieren, die Sie kennen, wo auch immer Sie sich befinden und wann immer Sie wollen. Schließen Sie die Augen und stellen Sie sich die Telefonschnur vor, die Sie zwischen sich und dem Pferd spannen. Erstellen Sie Ihre persönliche Gedankenbrücke. Es spielt noch nicht mal eine Rolle, ob Sie sich gerade auf der anderen Seite der Erdkugel befinden. Ihre Tiere haben Sie ja trotzdem in Gedanken bei sich. Sie können die ganze Zeit über Kontakt mit ihnen halten, um zu erfahren, ob alles mit ihnen in Ordnung ist.“*
Praktisch, oder? Eine Art Babyphone ohne Strom!

*„Seien Sie sich also bewusst, dass Ihr Tier oder Ihre Tiere mit Ihnen permanent in Verbindung stehen und Kontakt zu Ihnen haben, was auch immer Sie tun, wo auch immer Sie sind. Zeit und Raum gibt es für Tiere nicht im selben Sinne wie für uns Menschen. Wir haben diese Dinge für uns und sie geschaffen.“*

## Kontakt aufnehmen über Fotos

Sie haben bereits erfahren, dass Sie mit einem fremden Pferd (Einverständnis des Besitzers vorausgesetzt) ebenso wie mit Ihrem eigenen Vierbeiner Kontakt aufnehmen können. Sie brauchen dem Tier dabei nicht gegenüberzustehen, müssen keinen Sichtkontakt haben, müssen noch nicht einmal im selben Land sein.

Es kann eine Hilfe für Sie sein, die Gedankenbrücke zu schlagen, wenn Sie in dieser Situation ein Foto Ihrer Pferde betrachten. Die meisten Menschen sind sehr visuell gestrickt. Daher erleichtert ein Bild meist die Konzentration.

Dann müsste es doch eigentlich auch möglich sein, über ein Foto Kontakt zu einem fremden Pferd aufzunehmen?

Sie haben wie immer Recht.

Um Kontakt aufzunehmen, müssen wir natürlich wissen, mit wem wir reden wollen oder sollen. Klar, Sie müssen sich irgendein Bild machen können, müssen schließlich wissen, auf wen oder was Sie sich konzentrieren. Wenn Sie ein Foto in der Hand haben, bekommen Sie eine sehr genaue Vorstellung vom Gegenüber und finden so ganz visuell den Punkt, an dem Sie mit Ihrer Gedankenbrücke anknüpfen wollen. Es spielt eigentlich keine Rolle, wann dieses Foto aufgenommen wurde. Je aktueller, desto besser natürlich, weil es Ihnen erleichtert, eine möglichst genaue Vorstellung des Pferdes zu bekommen. Eigentlich ist das Bild also nichts weiter als eine Konzentrations- und Gedächtnisstütze für Sie.

Nur eins sollten Sie bitte beachten: Bleiben Sie mit Ihrer Fragestellung in der Gegenwart oder Vergangenheit des lebendigen Tieres.

## Porky und Sunny – in Gedanken gibt es keine Kilometer

Ich habe die Probe aufs Exempel gemacht und Carola gebeten, von Schweden aus Verbindung zu meinen beiden Pferden aufzunehmen. Sie hatte die beiden bis dahin nie zu Gesicht bekommen, kannte sie nur vom Foto. Sunny ist eine sechzehnjährige Araber-Lippizaner-Stute, Porky ein fast siebenundzwanzigjähriger Trakehnerwallach. Gerade weil ich recht früh die Idee hatte, Carola zu bitten, über Distanz mit meinen beiden „Dicken" zu kommunizieren, habe ich ihr bewusst nie viel über sie erzählt. Erstaunt und gerührt war ich aus ganz anderen Gründen über das Ergebnis. Nämlich wie genau mich meine Tiere kennen.

**Sunny:**

*„Frauchen geht es gefühlsmäßig schlecht. Sie wird von einem Platz zum anderen gewirbelt und weiß nicht mehr, wo ihre Wurzeln sind.*
*Wenn wir umziehen, soll es ein Ort sein, wo ihr Heim und der Stall von Wald umgeben sind. Wir sind sehr erwartungsvoll wegen dem, was sie gelernt hat. Meine Verspannungen sitzen auf der rechten Seite und der Bug tut weh. Ich will mehr von dem Gelben zu essen haben. Ich will Sonne haben und eigentlich will ich auf der Weide nicht in der Herde gehen.*
*Ich will nicht so sehr gefordert werden, wenn es mir nicht so gut geht. Ich vermisse das Kleine und ich will die rechteckige farbenfrohe Decke haben und die einfache Trense. Weit draußen entlang des Weges mit dem kleinen Haus und nicht viel weiter – das ist genau richtig als Strecke. Frauchen wartet immer nervös auf die Post. Die ältere Dame ist eine gute Frau, die besser in uns liest, aber sie hat nicht richtig das Interesse, abgesehen davon, dass wir für sie Gesellschaft sind.*
*Meinem Magen geht es besser als seit langem. Ich kann nicht so lange allzu schnell galoppieren und manchmal bin ich ziemlich stolperig.*
*Ich möchte ruhige, weiche Hände haben und nicht die piepsige Stimme. Reines, sauberes Wasser ziehe ich vor. Wechselt am liebsten jeden Tag. Das Gras am hinteren Ende ist nicht so gut wie ganz vorn. Der alte Mann riecht nach Schmutz, aber gut und er ist lieb, er kümmert sich um verschiedene Dinge.*
*Ich möchte die Zweige von den großen grünen Bäumen haben, sanfte Musik im Stall und Wärme. Das Fell ist nicht gut, wenn es klebt, ich will keine feuchten, ekligen Decken haben. Ich möchte es trocken und warm haben.*
*Frauchen soll nicht unruhig sein wegen meines Todes. Der kommt ruhig und bestimmt. Keine Panik. Ich werde trotzdem bei ihr sein und sie wird*

nicht so viel trauern. Ich möchte ein eigenes Fohlen haben, um es aufzuziehen, aber ich mag nicht jeden x-beliebigen Hengst. Er soll dunkel sein, aber stattlich und lange Beine haben. Ich bin manchmal zu klein. Frauchen bedeutet Geborgenheit. Ich fühle mich wohl bei ihr. Der junge Hund ist süß, aber anstrengend. Es geht wärmeren Zeiten entgegen, aber die kleinen Blumen sind bitter."

### Porky:

„Ein freundliches, gutes Gefühl kommt. Ein bisschen rangniedriger als die anderen, kann aber richtig zornig werden. Hat einen Teil Dinge in seinem Leben gemacht, die schwierig zu lernen, zu verstehen sind. Auch er selbst versteht sie manchmal nicht. Benehmen in der Herde, Lektionen lernen, neue Umgebung. Er ist gern sowohl bei dem einen als auch dem anderen dabei, aber … ja, er ist vielleicht nicht der Cleverste.

Braucht einen Anführer, der ihm genau sagt, was gemacht werden soll und wie, und das, was er kann, kann er sehr gut.

Er ist lieb Kindern gegenüber, kann aber missverstanden werden.

Er liebt das Leben mit allem, was es beinhaltet, ganz einfach leben zu dürfen. Er hat keine Forderungen oder Wünsche außer feuchtes, süßes Futter mit vielen Nährwerten darin. Gutes Gras, wie er es bekommt. Jeden Tag umsorgt werden und er möchte gern oft geritten werden.

Er zeigt mir schöne Sprünge, die er gern noch einmal ausprobieren möchte. Er sagt, dass er einmal sehr tüchtig war.

Sogar von der Form her war er sehr schön, mit guter Versammlung.

Er möchte die grobe, dunkle Trense haben, aber den leichten Sattel.

Er hat zwei Lendenwirbel, die nach rechts spannen, einen Wirbel in der Halswirbelsäule, der nach links spannt, die Außenbänder liegen falsch über den Knien der Hinterhand und sein Kreuz ist verspannt. Er benötigt eine Schweifmassage.

Er hat ein bisschen Angst vor Transporten. Möchte sich gern überall ein bisschen wälzen.

Er wird gern und viel gekrault und scheuert sich liebend gern. Möchte gern viel nahen und engen Kontakt haben und sozial dabei sein, wo etwas passiert. Frauchen wendet das Seil falsch an, genau entgegengesetzt der Richtung, wie es soll. Ansonsten hat sie eine feine Körpersprache.

*Weich und freundlich, aber sie kann die Stimme kräftig anheben. Jetzt
möchte ich Ruhe haben."*

Tja. Ich habe nicht schlecht gestaunt, als ich endlich erfuhr, was in
meinen beiden „Dicken" so vorging. Trotz all der Erfahrungen, die
ich bis dahin schon zusammengetragen und selbst gemacht hatte,
fühlte es sich immer noch besonders an. Carola konnte beispielsweise absolut nichts wissen von dem netten älteren Landwirt, der im
Offenstall beim Füttern und Misten half. Oder dass es in unserem
alten Stall bei lang anhaltender schlechter Witterung ein bisschen
feucht wurde, sodass die Decken mitunter tatsächlich leicht müffel-
ten, wenn ich sie nicht alle naselang in die Maschine steckte. Ganz
abgesehen davon habe ich wirklich Angst um Sunny wegen ihrer
Schimmelknoten – und wage es daher nicht, sie decken zu lassen.
So sehr mir das Herz auch dabei blutet, wenn ich mich daran erinnere, wie rührend und aufopfernd sie sich im vergangenen Sommer
um das Fohlen einer Ponystute gekümmert, es der leiblichen Mutter
quasi weggenommen hat! Jenes „Kleine" eben, das sie vermisst. Tja,
und dass mein Porkybär, der mir geschenkt wurde (und hätte ich
ihn ausgeschlagen, wäre er beim Schlachter gelandet), den lieben
langen Tag am liebsten gekratzt und gejuckt werden möchte – ich
habe Carola nie davon erzählt. Ebenso wenig wie davon, dass Sunny
es liebt, bei jeder Gelegenheit Fichten- oder Kiefernzweige abzuzup-
fen. Die Geschichte mit der Post – unglaublich: Die Pferde haben
mich oft genug auf dem Weg zur morgendlichen Fütterung die Post
holen und, während sie ihr Kraftfutter zermahlten, lesen sehen. Mit
netten Briefen fängt für mich der Tag gut an. War der Briefträger
noch nicht da oder ist nichts für mich dabei, bin ich enttäuscht. Die
ältere Dame ist meine Mutter. Die piepsende Stimme war eine frü-
here Reitbeteiligung. Bunte Navajodecke, Sattel, gebisslose leichte
Zäumung – alles Dinge, die wir seit Ewigkeiten haben. Schön zu
hören, dass die beiden damit glücklich sind.
Natürlich kennen wir uns inzwischen so gut, dass Carola hätte
ahnen können, dass ich – stets zwischen Schweden und Deutschland hin- und hergerissen – ein wenig zwischen den Stühlen sitze.

Aber wie eng dies mit der Familiengeschichte zusammenhängt, dass es mich ausgerechnet in den Geburtsort meines verstorbenen Vaters nach Kiel verschlug, um dort schwedisch zu lernen und dass mein Praktikum mich in jenen schwedischen Landstrich führte, woher meine Vorfahren stammen ... Carola konnte nicht ahnen, wie sehr mich diese „Zufälle" beschäftigten. Diese Formulierung mit den Wurzeln und wo sie schlagen? Darüber denke ich nach, wenn ich mit meinen Pferden zusammen bin, denn dann komme ich ein wenig zur Ruhe in all dem Chaos und den Veränderungen der letzten Monate.

Sehr spannend fand ich die Zeitsprünge in dem, was meine beiden Zauseln so beschäftigt. Einiges liegt Jahre zurück.

Dass Porkys Bericht fast ganz aus Carolas Perspektive abgefasst ist, *„ist wirklich sonderbar. So wird es manchmal. Ist eher ungewöhnlich, kommt aber vor"*, erklärte Carola auf meine Nachfrage.

Nachdem ich die schwedischen Protokolle übersetzt hatte, habe ich umgehend eine Physiotherapeutin zu meinen beiden „Verspannten" gebeten. Verblüffend, wie fast alles zutraf: Porkys letzter Lendenwirbel war sogar gehörig verdreht, seine Iliosakralgelenke extrem empfindlich.

Wie mir die Physiotherapeutin bestätigte, führt die Blockade des letzten Lendenwirbels zu einer eingeschränkten Beweglichkeit – und um die zu kompensieren, werden die Kreuzbein-Darmbein-Gelenke überbelastet. Daher der Schmerz. Seine Halswirbelsäule – eine einzige Blockade, und an den Knien fehlte es auch. Folgen eines Unfalls und einer harten Reitschulvergangenheit.

Und Sunny? Tatsächlich lagen Schultermuskulatur und Rücken im Argen – einseitig, wie Carola schon vorhergesagt hatte. (Allerdings das Ganze nicht rechts, sondern linksseitig. Wobei ich meine, dass wir das Pferd einfach von verschiedenen Perspektiven betrachtet hatten). Hierfür sind mehrere Ursachen wahrscheinlich: Hauptsächlich wirkten wohl ein nach einer Hufverletzung erforderlicher Beschlag, der ihr eine andere Stellung abverlangte, der Gewichtsunterschied zwischen meiner damaligen Reitbeteiligung und mir und eine einseitige Belastung durch den gern trödelnden Porky als Handpferd zusammen.

## Kann man auch mit toten Tieren reden?

Was mache ich nun aber, wenn mir jemand das Bild eines verstorbenen Tieres untermogelt?

Jetzt wird es doch ein kleines bisschen spirituell. Aber gut: Im Normalfall werden Sie es gar nicht unbedingt bemerken. Das Foto ist eine Momentaufnahme. Als das Bild entstand, hat das Tier gelebt. Ihre Fokussierung ist automatisch auf das lebende Tier gerichtet. Lassen Sie es uns esoterisch gesehen so ausdrücken: Seine Lebensenergie schwingt noch irgendwo in Zeit und Raum. Daher ist es möglich, dass Sie Dinge aus dem Leben dieses Pferdes erfahren.

Und auf mehr sollten Sie sich auch keinesfalls einlassen. Nein, und wenn der Besitzer noch so tief in der Trauerphase steckt und wissen möchte, wo sein Liebling jetzt ist und wie es ihm dort geht.

Sie sind kein Medium, oder?

Wenn wir auf diesem Weg nämlich – nur in der Theorie – jenen kleinen Schritt weiter gehen, stehen wir vor der Frage: Kann ich auch mit einem verstorbenen Tier kommunizieren?

Carola sagt eindeutig: Ja. Man kann. Sie kann. Und sie tut es auch. Sie weiß aber auch sehr genau, was sie da tut, und ist ein ausgebildetes Medium. Sie hat die nötige Erfahrung und das Wissen, alle möglichen Türen auch wieder zuzuschlagen, die man vielleicht ganz aus Versehen öffnet.

Kennen Sie Goethes Gedicht vom Zauberlehrling? Dahinter steckt eine durchaus bedenkenswerte Botschaft darüber, was so alles passieren kann, wenn man die Geister nicht mehr loswird, die man rief. Das sollte Ihnen zu diesem Thema genügen.

## Johann Wolfgang von Goethe: „Der Zauberlehrling"

Hat der alte Hexenmeister sich doch einmal wegbegeben!
Und nun sollen seine Geister auch nach meinem Willen leben.
Seine Wort' und Werke merkt ich und den Brauch,
Und mit Geistesstärke tu ich Wunder auch.

Walle! Walle manche Strecke,
dass, zum Zwecke, Wasser fließe
Und mit reichem, vollem Schwalle zu dem Bade sich ergieße.

Und nun komm, du alter Besen! Nimm die schlechten Lumpen-
hüllen;
Bist schon lange Knecht gewesen; nun erfülle meinen Willen!
Auf zwei Beinen stehe, oben sei ein Kopf,
Eile nun und gehe mit dem Wassertopf!

Walle! Walle manche Strecke,
dass, zum Zwecke, Wasser fließe
Und mit reichem, vollem Schwalle zu dem Bade sich ergieße.

Seht, er läuft zum Ufer nieder, wahrlich! Ist schon an dem Flusse,
Und mit Blitzesschnelle wieder ist er hier mit raschem Gusse.
Schon zum zweiten Male! Wie das Becken schwillt!
Wie sich jede Schale voll mit Wasser füllt!

Stehe! Stehe! Denn wir haben deiner Gaben vollgemessen! –
Ach, ich merk es! Wehe! wehe! Hab ich doch das Wort vergessen!

Ach das Wort, worauf am Ende er das wird, was er gewesen.
Ach, er läuft und bringt behende!
Wärst du doch der alte Besen!
Immer neue Güsse bringt er schnell herein,
Ach! Und hundert Flüsse stürzen auf mich ein.

Nein, nicht länger kann ichs lassen; will ihn fassen. Das ist Tücke!
Ach! Nun wird mir immer bänger! Welche Miene! Welche Blicke!

Oh, du Ausgeburt der Hölle! Soll das ganze Haus ersaufen?
Seh ich über jede Schwelle doch schon Wasserströme laufen.
Ein verruchter Besen, der nicht hören will!
Stock, der du gewesen, steh doch wieder still!

Willsts am Ende gar nicht lassen? Will dich fassen, will dich halten,
Und das alte Holz behende mit dem scharfen Beile spalten.

Seht, da kommt er schleppend wieder! Wie ich mich nur auf dich werfe,
Gleich, o Kobold, liegst du nieder; krachend trifft die glatte Schärfe.
Wahrlich! Brav getroffen! Seht, er ist entzwei!
Und nun kann ich hoffen, und ich atme frei!

Wehe! wehe! Beide Teile stehn in Eile schon als Knechte
Völlig fertig in die Höhe! Helft mir, ach! Ihr hohen Mächte!

Und sie laufen! Nass und nässer wirds im Saal und auf den Stufen.
Welch entsetzliches Gewässer! Herr und Meister! Hör mich rufen! –
Ach, da kommt der Meister! Herr, die Not ist groß!
Die ich rief, die Geister werd ich nun nicht los.

„In die Ecke, Besen! Besen! Seids gewesen. Denn als Geister
Ruft euch nur, zu diesem Zwecke, erst hervor der alte Meister."

(aus: „Johann Wolfgang Goethe, Gedichte" Reclam Universal-Bibliothek, Stuttgart 1994)

Unser Rat, und der ist durchaus ernst gemeint: Lassen Sie bitte die Finger davon. Auch wenn es Sie noch so in den Fingern juckt oder Ihnen auf der Seele brennt, was aus Ihrem verstorbenen Liebling geworden ist. Wenn eine liebe, trauernde Freundin Sie bekniet: Du kannst doch mit Pferden sprechen – sag mir, wie geht es meinem Liebling im Jenseits?
NEIN!
Hier wollen wir mit beiden Beinen auf dem Boden der Tatsachen stehen. Schließlich habe ich Ihnen eingangs versprochen, dass wir es bei Telepathie nicht mit Spökenkram zu tun haben – und dabei soll es auch bleiben. Stattdessen wenden wir uns jetzt der Praxis zu. Die Anwendung des sechsten Sinnes steht nicht luftleer als Kunst

um der Kunst willen im Raum. Der Einsatz von Telepathie im praktischen, alltäglichen Umgang mit Pferden ermöglicht erst einen ganzheitlichen Zugang – ein wirkliches „Mit-Pferden-sein".

Telepathie ist für Carola selbstverständliches Werkzeug in der Praxis: im Stall, auf der Weide, in der Bodenarbeit, beim Führungstraining, bei der Behandlung von Krankheiten, bei Massage, Stretching und nicht zuletzt beim Reiten.

Eine funktionierende Kommunikation mit dem Pferd über alle sechs Sinne ist die Grundlage dafür, mit ihm zusammen SEIN zu können.

Telepathie ist also ein Teilbereich. Körpersprache, Dominanztraining, nicht zuletzt das Reiten nur mittels Gedanken sind weitere Schritte auf der Reise zum Pferd.

# Ganzheitlicher Umgang: Mit Pferden sein

## Pferden in den Kopf geschaut

Wir haben bereits angerissen, dass Telepathie also nicht wie ein hübsches Spielzeug luftleer im Raum hängt, sondern wertvolles Hilfsmittel im Stallalltag, im ganzheitlichen, bewussten Umgang mit Pferden ist.

Sie wollen Ihr Pferd wirklich kennen lernen. Sie wollen mit ihm kommunizieren, es in seiner ganzen Struktur, seinem Wesen und Sein verstehen und darauf eingehen können. Sie gehören demnach nicht zu dem Typ Reiter, der stur seinen Willen durchsetzt, die Beherrschung verliert und auf das Pferd einprügelt oder es anschreit, weil es sich erschreckt hat, gescheut hat, durchgegangen ist oder sich weigert in den Hänger zu gehen.

Stattdessen haben Sie sich höchstens gefragt: Warum in aller Welt tut es das? Was geht oder ging in seinem Kopf vor? Hier sind mögliche Antworten: einige protokollierte Beispiele dafür, wie ein Pferd sich unter den verschiedensten Umständen fühlt. Wahrnehmungen aus dem Blickwinkel des Pferdes. Sie stammen aus Carola Linds Archiv. Vielleicht kommt Ihnen einiges bekannt vor.

### Eine Verladesituation

*„Bilder kommen. Ich fühle die Unruhe meines Frauchens, auch wenn mir danach ist, hineingehen zu wollen, ihr zuliebe … stressig … schwer zu atmen … ich fühle ihre Aufregung.*

*Kann sie nicht stattdessen denken, dass ich glücklich bin? Froh, dass es jetzt nur ich bin, jetzt im Moment, nicht der andere. Ich bin ausgewählt worden, ich bekomme ihre Fürsorge. ICH bin es, der mitkommen darf, warum muss sie sich wegen des Transports so beunruhigen?*

*Ich finde, das ist sehr unangenehm, vielleicht sollte ich da doch nicht hineingehen, vielleicht kann etwas passieren, sie zeigt ein Bild von einem*

Verkehrsunfall. *Vielleicht ist es das Beste, es bleiben zu lassen, aber ich will ja mitkommen, ich will ja Spaß haben in der Reithalle. Ich will gelobt werden, wenn ich tüchtig bin, ich will doch zurückkommen können und stolz darauf sein, dass mein Frauchen sich den ganzen Abend mit mir beschäftigt hat, nur sie und ich.*

*Warum denkt sie nur, dass ich nicht reingehen werde? Vielleicht sollte ich ihr gehorchen? Sie ist ja die Anführerin, sie weiß es am besten. Ja, ich fange an zu zweifeln … nein, ich fühle mich nicht gut dabei, ich will nicht hineingehen, stell dir vor, all das passiert, was sie sich da ausmalt … nein, ich lasse es bleiben.“*

### Von der Weide geholt werden

*„Frauchen wirkt so, als ob sie gar nicht will, dass ich geholt werde. Sie zeigt Bilder, wie ich einfach nur weggehe, wenn sie kommt. Warum kommt sie dann und steht da? Ich kann sie nicht verstehen. Testet sie mich? Warum schickt sie mir kein Bild davon, dass ich stattdessen kommen soll? Sie sieht traurig aus, sie zeigt mir ein Bild davon, wie jemand anders kommt und mich mitnimmt, dass ich umziehe, nein! Ich will hier nicht weg. Ich bin doch gerade erst hergekommen! Habe gerade erst neue Freunde gefunden! Sie wartet dort. Aber wenn ich mich nähere, denkt sie bloß, dass ich wieder weggehe, welchem Signal soll ich gehorchen? Ich werde gleich sauer, verwirrt, komisch im Inneren, fühle mich matt. Ich dreh mich ihr mit dem Hinterteil zu. Sie ist verzweifelt. Warum? Sie will doch nicht, dass ich herkommen soll! Jetzt schickt sie ein Bild, was sie wünscht: Ich soll kommen!!! JA!!! Da gehe ich ihr wieder entgegen, Ohren nach vorn, jetzt bin ich froh! Jetzt zeigt sie mir ein Bild, dass ich vielleicht doch nicht von hier wegfahren soll, warum will sie mich wieder verkaufen?*

*Ich verstehe nicht. Jetzt zeigt sie wieder ein Bild, dass sie mir eins überzieht, wenn ich am Gatter ankomme! Nein, dann hau ich lieber ab! Geht es ihr nicht gut? Warum will sie Gewalt anwenden? Was habe ich falsch gemacht?“*

### Die Box

*„Die Box ist mein Friede. Die Kinder verstehen das nicht. Hier will ich in Frieden gelassen werden … lass sie doch verstehen … sie zupfen und*

zerren in der Box ständig an mir herum … lästig … sie denken daran, wie sie bei der nächsten Lektion Sporen einsetzen, damit ich gehorche … unangenehm … ich werde sauer, sie geben mir Leckerlis, ich nutze die Gelegenheit zurückzubeißen, bekomme einen Klaps, bin enttäuscht. Ich habs doch nur zurückgegeben."

### Eine bevorstehende Schlachtung

„Herrchen betrauert mich vor der Zeit. Herrchen weint innerlich. Warum kann er sich nicht für mich freuen? Ich werde doch den Schmerz hinter mir lassen … fühle mich beunruhigt wegen ihm … er ist jetzt alt, wie wird er es schaffen, all das im Wald selber zu ziehen … er soll nicht traurig sein, der Kleine ist doch noch da … er ist fast ausgelernt.
Ich leide im Stillen, weiß, was geschehen wird, habe aber Schmerzen und finde, dass es gut ist, fühle das Ende kommen, bin vollkommen vorbereitet, habe im Leben gelernt, diesen Moment zu erwarten, weiß, was passiert, alles wird hell und warm und behaglich, man geht weg, wird frei. Warum trauert er? Er ist es, dem es am schlechtesten geht."

### Während einer Fohlengeburt (Stute)

„Können sie nicht gehen? Ich will das selber machen … fühlt sich alles richtig an … ich schwitze nun … es senkt sich hinab, fühlt sich an, als ob mein ganzes Ich von innen nach außen kommt …
Es wird ein Hengst … er wird unruhig, aber sie nehmen ihn mir zu früh weg … können sie nicht gehen … ich will das allein machen, anstrengend, sich wieder zuzuhalten, lass sie doch verschwinden, ich will mich ausruhen, in Ruhe und Frieden arbeiten, allein sein, ohne starke Lampen, das raubt einem das Gespür, macht die größten Lampen aus, ich will Dämmerlicht haben, jetzt kann ich dich bald nicht länger halten, es sprengt mich, du wirst schwach … jetzt gehen sie … die Tür wird geschlossen, ich löse mich vom Körper und sehe mich selbst von oben, keine Schmerzen mehr … das Gefühl ist erlösend, genau wie dieser Augenblick, und heraus kommst du, mein Freund, den ich jetzt treffen darf, dich kennen tue ich bereits, unsere Kommunikation war vollkommen seit dem Tag, als du in mir platziert wurdest … jetzt kommen sie, beklagen sich, wir haben es verpasst! Lasst mich in Ruhe, ich kann das

*allein, begreift ihr nicht, dass ihr meinen Moment zerstört? Lasst mich doch in Ruhe, lasst mich sein … ich kann … nehmt mir das nicht weg … ich will selber … geht jetzt, macht die Lampen aus."*

## Ganzheitlicher Umgang mit dem Pferd

Mit Pferden sprechen, sei es in Gedanken oder Worten, ist etwas ganz anderes als auf Tuchfühlung zu gehen. Bevor wir uns aber „in den Ring" begeben, wobei uns das über Telepathie Gehörte und Erfahrene immer wieder Stütze und Möglichkeit des Sichvergewisserns sein wird, ein paar grundsätzliche Gedanken zum Umgang mit dem Pferd, zur inneren Einstellung und den äußeren Bedingungen.

Pferdebücher, die sich mit Fragen der Haltung, des Futters und der Pflege beschäftigen, gibt es zu Tausenden. Wir gehen davon aus, dass Sie davon bestimmt eine ansehnliche Auswahl im Regal stehen und nicht nur einmal gelesen haben. Daher wollen wir auf diese Dinge hier nur eingehen, wenn sich ein direkter Bezug zu unserem Thema ergibt.

Beginnen wir bei einigen Grundsätzlichkeiten zur Frage: Wer hat das Sagen – ob mit oder ohne Worte.

Ganz klar, die Aktienmehrheit in einer Gemeinschaft Pferd-Mensch muss immer der Mensch haben. MUSS – nicht sollte, kann oder darf. MUSS, das ist entscheidend. Alles andere bedeutet Gefahr, für Sie und Ihr Pferd. Aus seiner Struktur heraus wird sich das Pferd immer auf den Menschen verlassen, wenn es ihn als sein Leittier akzeptiert hat – oder ihm auf der Nase herumtanzen, wenn nicht.

Letzteres mag bei einem Fohlen noch ganz niedlich sein. Aber wenn ein ausgewachsener Hengst Ihnen ausgerechnet an einer stark befahrenen Straße demonstriert, dass er jetzt zu den Stuten auf der anderen Seite möchte – dem Verkehr und Ihren sämtlichen Hilfszügeln zum Trotz –, dann haben Sie beide ein Problem, das im Zweifel tödlich enden kann. Was Sie brauchen, ist ein gesundes Maß an Dominanz. Das hat nichts mit Gewalt zu tun, wohl aber mit Vernunft – und Führungsqualität. Die ist keine Gottesgabe, sondern erlernbar, trainierbar.

Auch wenn uns Pferde instinktiv und telepathisch um einiges voraus sind, ist es doch leider gerade ihr instinktives Fluchtverhalten – das in der Natur wunderbar und Überlebensgarant ist –, aber in unserer eingezäunten, elektrischen und motorisierten Welt geht es oft genug nach hinten los, wenn das Pferd die Aktienmehrheit hält. Wir müssen es also schaffen, das Vertrauen unseres Pferdes zu erwerben, es uns zu verdienen, damit es uns folgt. „Folgt" nicht im Sinn von absolutem soldatischem, blindem Gehorsam, sondern im Sinn von freiwilligem Nachfolgen – wie es das bei Leitstute und Leithengst tut. Und auch diese Alphatiere benutzen manchmal ein wohldosiertes Machtwort, um zu demonstrieren, dass sie im Zweifel auch mal Recht via Status haben.

Ich bin der Meinung, dass Sie mit einem Minimum an Strafe und einem Maximum an richtig eingesetzter positiver Verstärkung über Lob und Belohnung alles erreichen, was Sie möchten. Wichtig ist, dass Sie schnell sind mit Ihrem Lob, zum richtigen Zeitpunkt belohnen oder gegebenenfalls strafen.

Wir reden hier wohlgemerkt nicht von Wut, von Gewalt, womöglich einer Tracht Prügel, die Stunden später erfolgt. Auch nicht von für Pferde keinesfalls nachvollziehbaren Sanktionen wie Futter- oder Wasserentzug. Doch, so etwas gibt es leider häufiger, als Sie glauben. Denken Sie immer daran, dass ein Pferd Ihre Reaktion auf das Letzte bezieht, was es davor gemacht hat. Was wird es also verstehen, wenn es sich leicht und zutraulich einfangen lässt, nachdem Sie runtergefallen sind, und Sie es wütend beschimpfen? Ich würde mich beim nächsten Sturz bestimmt nicht mehr freiwillig auf den tobenden Reiter zubewegen, wenn ich Pferd wäre. Und Sie? Na also.

Ich denke, es gibt keine „Problempferde" – es gibt nur „Problemmenschen", die Tiere zu dem machen, was sie sind: ein Spiegel unserer Seele, unseres eigenen Verhaltens.

Was ist für Sie ein Pferd? Carola Lind sagt:

*„Für mich ist ein Pferd ein totales Erlebnis, ein vollkommenes Geschöpf, eins, das leicht zu lieben ist.*

*Ich lebe für Tiere, für ihre Existenz, dafür, ihrer Entwicklung folgen zu dürfen, ihnen bei der Entwicklung zu helfen.*

*Lernen Sie das Tier Pferd kennen, lernen Sie, es zu verstehen. Öffnen Sie Ihre Sinne und genießen Sie das genauso ungebremst wie ich. Nehmen Sie ihren Geruch wahr, folgen Sie ihren Bewegungen. Wertschätzen Sie die Pferde – und Ihnen widerfährt dasselbe: Sie werden geschätzt. Denn sie wissen viel mehr, als wir jemals verstehen können. Sie sehen viel mehr, als wir jemals zu sehen bekommen werden. Sie empfinden, weil sie sich gestatten zu empfinden. Und wenn sie erkennen, dass sie tatsächlich mit Ihnen kommunizieren können, lassen die Pferde Sie teilhaben an der faszinierendsten inneren Reise, die Sie sonst nicht einmal ansatzweise erleben könnten. Pferde heilen Sie mit ihrer Nähe. Sie weinen Ihre Tränen, fühlen Ihren Schmerz. Sie stellen sich für uns zur Verfügung, trotz allem, was wir in unserem Unverstand anstellen – sie sind trotzdem da. Sie sind und bleiben für mich die faszinierendsten Geschöpfe, die jemals diese Erde betreten haben: Pferde.“*

Wenden wir uns für eine grundsätzliche Überlegung nun doch einmal kurz der Haltung zu. Haben Sie schon einmal darüber nachgedacht, wie Sie Ihr Pferd untergebracht haben – und was das für einen Einfluss auf Ihre Beziehung zueinander haben könnte?

*„Man kann ein Pferd auf ganz unterschiedliche Art und Weise halten. Entweder hat man es in einem Pensionsstall eingestellt und bekommt vollen Service, das heißt, der Stallbesitzer pflegt und kümmert sich um alles. Man kommt nur zum Reiten, wenn man sich danach fühlt.*

*Das ist sicher eine gute Lösung, wenn man nicht mehr herausbekommen möchte als das Reiten selbst um des Reitens willen. Dann kann man ein Pferd auch mit einem Bekannten teilen. Wahrscheinlich kommt es so, dass die Freundschaft nicht auf ewig hält. Es gibt immer Meinungsverschiedenheiten, die einen auseinander bringen.*

*Oder man kann in der Reitschule auf Schulpferden reiten. Viele machen das heutzutage und für viele funktioniert es prächtig – es passt genau. Man kommt um die Verantwortung herum, hat keine Kosten, falls dem Pferd etwas passiert.*

Ich dagegen … ich muss die Pferde nahe bei mir haben, sehr nah um mich herum … am liebsten so nah, dass ich den Geruch direkt in der Nase habe, sobald ich zur Tür herauskomme … Nah genug, um sie sehen zu können, wenn ich aus dem Fenster schaue … nah genug, um sie fühlen zu können, sie zu berühren, zu riechen, mich draufzusetzen … zu schmusen … bei ihnen unterzukriechen und getröstet zu werden … mit ihnen auf der Weide zu spielen, herumzutollen, herumzualbern … sie riechen … Pferd werden … wie sie sein … eins von ihnen werden … riechen … sein …
Ich liebe Pferde, so wie sie sind – mit Haut und Haar.
Aber das ist trotzdem keine Garantie dafür, dass sie mich zurücklieben.
Pferde stärken mich. Schützen mich gegen die Umwelt. Sie haben mir eine Freistatt gegeben, ich kann bei ihnen zu Hause sein, sie haben mir die Chance gegeben, leben zu können, zu arbeiten, zu sein.
Ich halte es nicht aus, längere Zeit ohne sie zu sein. Ich höre dann förmlich, wie sie mich rufen. Ganz egal, wie viele Hundert Kilometer uns trennen. Ich liebe es, herumzupusseln, auszumisten, einzufetten, zu striegeln, putzen, schaffen und zu beschäftigen. Ich liebe es, mich um sie kümmern zu dürfen. Wissen zu dürfen, dass SIE mich brauchen.
Ich tue etwas für sie!
Ja, ich spüre die Resonanz, aber alles geschieht nach ihren Bedingungen. Ich muss mich dessen würdig erweisen! Wenn nicht, dann bin ich ihres Respekts nicht wert.
Ich liebe es, zu sehen, wie sie sich entwickeln – von ausgedient und kaputt zu glücklich, stark und gesund. Es ist schön, zu wissen, dass das teilweise mein Verdienst ist. Aber das Einzige, was ich tue, ist, es ihnen eins zu eins zurückzugeben, sie sind für mich da und machen mein Leben lebenswert. Das Mindeste, was ich für sie tun kann, um mich zu revanchieren, ist dasselbe. Unter den gleichen Bedingungen: Respekt erweisen, Respekt bekommen."

## Hawaii und Lotta

Hawaii ist eine elfjährige Halbblutstute. Sie gehört Lotta Höglund aus Rockneby. Folgendes hat Carola von ihr aufgeschrieben:

„Ich bin von oben bis unten untersucht worden. Zuerst wurde ich als etwas anderes erwartet, aber ich wurde ich und damit bin ich sehr zufrieden. Ich habe keine Wehwehchen, über die das Reden jetzt lohnt, stattdessen mag ich es gern, mich zu bewegen. Eine Weile war ich durch Fieber steif, aber jetzt ist das gut.

Ich will keine Gesellschaft von dem Hellroten haben, das ist ein aufgeblasenes Wesen. Ich kann ganz gut mit mir alleine sein und, wenn es nötig ist, auch mit mehreren Pferden. Ich mag die natürlichen Trainingsmethoden, aber Frauchen hat es etwas schwierig zu verstehen und das richtig gut hinzubekommen.

Selbst Reiten ist ein Auf und Nieder. Manchmal bin ich träge und manchmal bin ich einfach wach und energisch. Ich liebe den Fußweg, aber das, was mich verunsichert, ist, ob wir dort wieder auf diese komischen, ekligen Tiere treffen. Ich werde Mutter eines reizenden Wesens. Das will ich. Ich verabscheue Heu, das nicht gut riecht.

Ich esse gern feuchtes Futter, aber nicht breiig oder klebrig. Ich will nicht geritten werden zu nahe an den Bäumen. Ich will trotzdem gern ins Grüne gehen, aber nicht zu nahe an den Bäumen.

Mein Frauchen kümmert sich auch um andere, sie betreut Menschen. Wie schafft sie das bloß? Ich glaube, der Mann hat Träume, die zäh zu erfüllen sind. Er muss eine Kraftanstrengung machen. Weiterbauen kann wohl nicht so wichtig sein?

Ich möchte individuell sein, aber keine merkwürdige Ausrüstung mit schreienden Farben haben. Ruhige, normale Farben und natürliches Leder. Keine extra Sachen.

Es gibt da etwas Kleines, Grünes. Das schmeckt gut.

Ich will etwas Weiches unterm Sattel haben, ich will es warm haben. Ich könnte mich mit den Hinterbeinen treffen, legt einen Schutz an!"

Und hier folgen die Ergänzungen der Besitzer. Carola fand es bemerkenswert, als ihr Lotta Höglund erzählte, dass ihr Pferd einen kleinen grünen Jolly-Ball, eins dieser Pferdespielzeuge, zu Hause in seiner Box hatte. Das war es also, was da so gut schmeckte.

„Meine Erwartungen, bevor ich zu Carola kam, waren wohl hauptsächlich, dass ich ganz allgemein wissen wollte, ob es Hawaii gut geht und was sie so denkt. Ich war unglaublich neugierig, sowohl auf Carola als

auch auf ihre Art zu arbeiten. Ich bewundere alle, die mit Tieren sprechen können. Und ich war glatt überrascht von all dem, was sie erzählte,
da war so vieles, was wirklich stimmte!

Ich bin überglücklich, dass Carola fand, dass Hawaii in guter Verfassung
ist, Hals und Rücken so, wie sie sollen, dass die Muskeln in Ordnung
sind und nirgends eine Schiefheit. Ich war so irre nervös deswegen gewesen.

Ich habe die Aufzeichnung immer wieder durchgelesen und bin schließlich darauf gekommen, wer der Hellrote ist. Ich bin mir jetzt hundertpro-
zentig sicher, dass damit unser Hund gemeint ist. Er macht mittlerweile
nicht mehr so viel Wesen von sich, ist jetzt elf Jahre alt. Hawaii ist ihm
gegenüber nicht ausgesprochen freundlich, vermutlich ist sie ein bisschen
eifersüchtig.

Ich bin sehr zufrieden mit allem. Vieles, wovon sie erzählte – unter anderem das Weiche unterm Sattel, die Streichkappen für hinten, eine einfache Trense –, hat sie schon, aber es tut gut zu hören, dass sie sich damit
wohl fühlt. Auch, dass sie die Decke rund um die Uhr umhat. Für mich
ist es so, als ob ich Hawaii jetzt ein bisschen besser kenne, es fühlt sich
auf jeden Fall so an.

Das hier hat mir viel gegeben. Ich liebe mein Pferd und will es wirklich
verstehen und alles tun, damit es ihm gut geht. Ich möchte eine gute Führungspersönlichkeit sein und eine gute Führung erreichen, sowohl für
Hawaii als auch für den hellroten Hund."

## Sind Sie des Vertrauens Ihres Pferdes würdig?

Um das Vertrauen eines Pferdes zu bekommen, muss man sich
nach Carolas Philosphie dessen würdig erweisen.

Sie müssen ihm zeigen, dass Sie ein würdiger Führer, eine gute
Führungspersönlichkeit sind. Das Pferd ist ein Fluchttier. Wenn es
Gefahr ahnt, fackelt es nicht lange, sondern flieht. Im Folgenden
beschreibt Carola detailliert aus Sicht des Pferdes, was eigentlich
geschieht, wenn es Gefahr wittert – was sich in seinem Kopf dabei
abspielt:

„Eine Wahrnehmung … ein Geruch … ein Pferd fängt ihn auf, einen fremden, beißenden Geruch … es brennt … das Pferd schafft umgehend ein Bild im Kopf, das Brand und Gefahr aussagt.

Das Leittier fängt dieses Bild ebenso schnell auf und hat die Entscheidung zu treffen, was die Herde tun soll.

Die Leitstute schickt das Bild an ihre Schar, die treu ergeben die Aufforderung zur Flucht abwartet. Alle Herdenmitglieder bekommen diese Wahrnehmung, dieses Bild, exakt gleichzeitig übermittelt.

Das Leittier signalisiert die Flucht, indem es der ganzen Gruppe ein Bild schickt, das zeigt, wie sie fliehen sollen. Durch Körpersprache zeigt es die Richtung an, in die geflüchtet werden soll.

Während der Flucht schickt die Leitstute kontinuierlich Bilder, die den anderen Pferden zeigen, was sie vor sich haben, wenn sie dort vorbeikommen, wo sie eben vorbeigaloppierte.

Wenn die Gefahr vorüber ist, übermittelt die Alphastute eine Bildserie, die eine sich beruhigende Herde zeigt. Wo die Tiere anhalten, ausatmen, sich Ruhe ausbreitet und sie sich sicher und geborgen fühlen. Alle Herdenmitglieder fangen dieses Bild auf und folgen den Anweisungen. Sie vertrauen ihrem Führer und Beschützer und fühlen sich bei ihm gut aufgehoben.

Stellen Sie sich vor, nur Sie und ein Pferd wären in einer solchen Situation gewesen.

Sie sind das Leittier.

Was glauben Sie, wie hätte Ihr Herdenmitglied reagiert, wenn SIE als Leittier geschrien, herumgehampelt und -gehüpft hätten, zusammengezuckt wären und alle Zeichen von Todesangst signalisiert hätten? Und dabei Bilder im Kopf gehabt hätten, wie Sie beide in den Flammen umkommen, verkohlen, schwer verletzt werden?

Wie viel Respekt hätten Sie da wohl gewonnen? Glauben Sie, Ihr Pferd würde Ihnen da noch einmal folgen wollen?

Wohl kaum.

Tiere lesen die ganze Zeit über unsere Gedanken. Sie sehen ständig die Bilder, die wir in unserem Kopf schaffen, was wir uns vorstellen, was wir visualisieren. Sie fangen diese Bilder auf und verhalten sich dementsprechend, aus den Situationen heraus, die diese Bilder hervorrufen."

Wenn man im ganz gewöhnlichen Pferdetraining schwierige Situationen wie die oben beschriebene üben möchte, muss man es also zunächst bewerkstelligen, eine Situation des Vertrauens zu schaffen. Wenn das Pferd Sie als Leittier anerkennt, gehorcht es dem kleinsten Wink – darüber hinaus fühlt es sich gleichzeitig sicher und geborgen. Pferdeflüsterer wie Monty Roberts oder Pat Parelli haben ganze Bücher dazu gefüllt. Eigentlich ist es ganz einfach. Eigentlich sollte es ganz von selbst, ganz automatisch funktionieren. Sie müssen lernen, es zu verinnerlichen: Seien Sie ein Wesen, dem Ihr Pferd vertrauen kann. Immer. Wenn Sie selbst unsicher sind, ins Zweifeln kommen, wird es nicht funktionieren. Glauben Sie an sich, lassen Sie sich auch durch kleinere Misserfolge nicht aus der Ruhe bringen. Das A und O dabei ist, dass Ihr Pferd Ihre Sicherheit auch äußerlich ablesen kann. Machen Sie sich Ihre Körpersprache und Ihre Atmung bewusst. Warum das so wichtig ist, erklärt Carola Lind:

## Automatismen und Körpersprache machen Führungsqualität

*„Wenn man einen Stift fallen lässt – was passiert?*
*Man hebt ihn automatisch auf. Die folgenden Beispiele sind ähnlich gewöhnliche, automatisierte Bewegungsabläufe:*
*– Rad fahren,*
*– Auto fahren,*
*– schwimmen.*
*Sie können die Liste beliebig lang fortführen.*
*Für uns sind automatisierte Bewegungsabläufe besonders in einem ganz bestimmten Zusammenhang außerordentlich wichtig:*
*bei unserer Körpersprache.*
*Wie geht es Ihnen? Wie treten Sie auf?*
*Wenn Sie von einem Pferd als Führungspersönlichkeit, als Leittier akzeptiert werden wollen, sollten Sie auch wie ein Leittier gehen, atmen, aussehen und riechen. Achten Sie auf Ihre Körpersprache. Machen Sie sich Ihre Haltung bewusst."*

Mit anderen Worten: Wenn Sie optisch vermitteln, dass es Ihnen schlecht geht, Sie nicht bei der Sache sind, Angst oder wenig Selbstvertrauen haben, vielleicht sogar unterwürfig sind, nutzt das Pferd das direkt aus. Machen Sie dem Pferd allein schon durch Ihre Körperhaltung klar, dass Sie ranghöher sind.

*„Als Führer – als Leittier – tragen Sie den Kopf aufrecht und die Schultern gerade, wenn Sie gehen: Treten Sie bestimmt auf, mit jedem Schritt, den Sie tun, zweifeln Sie nicht und führen Sie jede Bewegung mit sicherer, ruhiger Ausstrahlung aus.*
*Atmen Sie immer und grundsätzlich den ganzen Weg in den Bauch hinunter. Füllen Sie Ihren Körper mit Sauerstoff – genauso, wie ein Leitpferd dies tut."*

## Führungstraining, Bodenarbeit und die Kraft der Visualisierung

Ein Pferd an Halfter und Strick nehmen und führen – schon hier beginnt Führungstraining. Wenn Sie anfangen mit einem Pferd zu kommunizieren, Ihre Antennen auf Empfang schalten und insgesamt sensibler und feinfühliger werden, sollten Sie trotzdem nicht erwarten, dass nun alles wie von selbst geht im täglichen Umgang. Es kann sogar zwischendurch schwieriger werden. Warum? Weil das Pferd Sie nun als „Sparringspartner", als seinesgleichen testen will. Sie sprechen seine Sprache, dann sollten Sie auch mit seinem Verhalten einem „Pferdefreund" gegenüber rechnen. Pferde versuchen stets spielerisch Ihren Rang zu testen, Ihre Dominanz und Stärke. Nehmen Sie Carolas folgende Tipps daher ernst:

*„Das Pferd soll immer hinter Ihnen gehen. Wenn es auch nur die klitzekleinste Anwandlung zeigt, Sie überholen zu wollen, richten Sie es rückwärts! Gleich! Nicht erst eine halbe Sekunde später! Sondern jetzt, sofort. Reagieren Sie am besten noch bevor es Anstalten macht, an Ihnen vorbeigehen zu wollen.*

*Lernen Sie, auf die Signale des Pferdes zu hören. Das kriegen Sie nur hin, wenn Sie viel Zeit mit Ihrem Pferd verbringen. Richten Sie das Pferd rückwärts, indem Sie sich umdrehen, die Hände heben und „Zurück!" sagen. Laut und deutlich. Wenn das Pferd nicht hört, kneifen Sie es ein wenig in die Halsmuskeln oder „beißen" es ein wenig mit einem Druck des Daumens, so lange, bis es zurückweicht. Unmittelbar auf die Reaktion folgend, wenn das Pferd also verstanden hat und zurückgeht, loben Sie es und laden es ein, einen Schritt vorwärts zu tun.*

*Wenn Sie das Pferd rückwärts richten, machen Sie sich groß: gerade Schultern, erhobene Hände. Wenn Sie es einladen, einen Schritt zu gehen, machen Sie sich etwas kleiner, senken die Schultern ein wenig (aber behalten Sie Ihren Rang bei, machen Sie sich nicht zu klein).*

*Ein paar Schritte vorwärts machen lassen, Stopp sagen, loben.*

*Klopfen Sie das Pferd niemals. Streicheln Sie es mit der Handfläche."*

Viele Menschen neigen leider dazu, das große Tier Pferd entsprechend heftig zu klopfen, damit es auch „ankommt". Aber haben Sie einmal beobachtet, wie sensibel Pferdehaut auf die Berührung einer Fliege reagiert? Wie muss also Ihre „Streicheleinheit" für ein Pferd wirken? Solches Klopfen oder Knuffen kennt es zwar vom ranghöheren Tier – allerdings als Rüge, nicht als Zärtlichkeitsbeweis. Wenn Sie Ihr Pferd ehrlich loben wollen, sollten Sie es sanft streicheln. Oder Sie kraulen, massieren, scheuern, jucken ihm Widerrist oder Mähnenkamm – wie es Herdenmitglieder untereinander gern tun. Das dient nicht nur der Fellpflege, sondern ist durchaus eine freundschaftliche soziale Geste. Ihre Autorität untergraben Sie keineswegs, indem Sie nett sind – eher dadurch, dass Sie sich einmal zu oft eine Kleinigkeit gefallen lassen: Lassen Sie sich nicht zum Kratzbaum machen, wann immer Ihrem Pferd danach ist.

*„Regel eins: Wenn das Pferd Sie mit dem Kopf schubst – lassen Sie es sofort rückwärts weichen, umgehend! Bestrafen Sie es dafür, sich an den Führer gedrängelt zu haben. Das Pferd soll immer gerade gerichtet zurückweichen. Wenn es abbiegt, bleiben Sie dabei! Seien Sie davor! Und halten Sie sich immer vor dem Pferd auf.*

*Gehen Sie ein bisschen nach rechts, ein wenig nach links, gehen Sie vor, zurück, die ganze Zeit über soll das Pferd Ihnen präzise folgen – wenn es das nicht tut: rückwärts richten!*

*Achten Sie dabei sehr auf Ihre eigenen Körperbewegungen, damit Sie das Pferd nicht für etwas strafen, was Sie selbst falsch gemacht haben.*

*Wenn Sie erreichen möchten, dass ein Pferd Ihnen folgt, senken Sie die Schultern etwas – aber mit Würde und Rang. Wenn Sie stehen bleiben oder das Pferd rückwärts gehen soll, richten Sie sich auf! Schultern zurück, machen Sie sich groß.*

*Regel zwei: Atmen Sie ordentlich. Pferden fällt es schwer, einen Anführer als solchen zu akzeptieren, der weit oben im Brustraum atmet. Lange, tiefe Atemzüge, damit wir innerlich ruhig sind. Pferde merken alles.*

*Machen Sie keine Riesensache aus dem Führungstraining. Zehn Minuten am Tag reichen voll und ganz aus, wenn die Rangordnung erst einmal klargestellt und gefestigt ist. Fügen Sie jede Woche neue Aspekte hinzu, wie etwa Straßenverkehr, Wasser, laute Stimmen, eine Longe um die Beine, Plastikplanen, Flattern, Geschepper, u. v. m.*

*Solange Sie ruhig sind, solange Sie wissen, dass das, was Sie tun, sicher ist, solange Sie richtig atmen, solange Sie Ihrem Pferd ruhige Bilder in Ihrem Kopf übermitteln und so lange Sie einen vernünftigen Grund haben für das, was Sie tun, so lange wird das alles vom Pferd akzeptiert und respektiert.*

*Ihr Pferd liest in Ihnen wie in einem offenen Buch – es spürt alles, was Sie denken. Denken Sie stets daran, wenn Sie im Stall sind.*

*Ignorieren Sie das Pferd nicht, indem Sie an Hausaufgaben, das Fernsehprogramm oder etwas anderes denken, sondern fokussieren Sie das, weswegen Sie dort sind. Wie soll das Pferd gut arbeiten, wenn Sie über Ihr unaufgeräumtes Zuhause nachdenken? Wie soll ein Pferd Sie als Führungspersönlichkeit akzeptieren, wenn Sie daran denken, dass Sie es eilig haben, weil Sie die Kinder aus dem Kindergarten abholen müssen? Machen Sie sich bewusst, woran Sie denken, und erweisen Sie sich würdig als Alphatier.*

*Ein gutes Beispiel dafür ist eine Frau, die mir mailte, dass ihr Pferd sich stets weigere sich von der Weide holen zu lassen. Jeden Abend das gleiche Problem.*

*Aber was, glauben Sie, habe ich gesehen? Na, dass es logischerweise nicht kommt. Ich sah Lottas Vorstellung davon, wie sie schmollt und einge- schnappt ist und vom Gatter weggeht. Ich erzählte Lotta davon, wie ihr Pferd tatsächlich ihre Gedanken lesen konnte, und erzählte auch, wie sie sich lieber verhalten sollte.*

*Weil Pferde wissen, was wir denken, sogar wenn wir nicht direkt neben ihnen stehen, ermahnte ich Lotta, schon morgens damit anzufangen, positiv zu denken. „Sehen Sie in Ihrem Kopf, stellen Sie sich in Ihrer Fantasie vor, wie die Stute am Gatter steht, mit gespitzten Ohren, und Sie am Abend erwartet. Denken Sie das den ganzen Tag lang, und über- mitteln Sie ihr ein Gefühl von Glück darüber, dass Sie kommen und sie holen werden!", empfahl ich.*

Schon am selben Tag, als Lotta ihr Pferd holen wollte, stand es da und wartete bereits am Gatter, mit gespitzten Ohren – und es war kein Problem, es zu holen. Glück? Führung!

### Verladeprobleme?

*„Wenn Sie ein ‚schwer verladbares' Pferd haben, wie gehen Sie die Sache eigentlich gedanklich an, am Morgen eines Verladetages?*
*Bestimmt malen Sie sich eine ganze Fantasiewelt darüber aus, was alles passieren kann, wie schlimm alles werden kann, ja, Sie planen sogar ein paar Extrastunden im Ablauf mit ein, damit Sie auf der sicheren Seite sind.*
*Überlegen Sie nur einmal, was geschehen würde, wenn Sie stattdessen ein positives Bild der Verladesituation visualisieren würden?*
*Stellen Sie sich vor, wie schnell, einfach und unkompliziert Ihr Pferd ein- steigen wird!*
*Geben Sie ihm das Gefühl, leicht verladbar und unkompliziert zu sein, wenn Sie an Ihr Pferd denken, es zum Brennpunkt Ihrer Gedanken machen. Machen Sie ihm Mut, sagen Sie ihm, dass es tüchtig ist und dass alles supergut gehen wird! Erzählen Sie ihm, dass es nur zwei Minuten dauern wird, dann steht es schon drin!*
*Ohne Problem!*

*Bestimmt wird das Pferd auf jeden Fall viel weniger nervös sein oder weniger stur, aber vielleicht klappt es beim ersten Mal noch nicht perfekt. Wenn Sie ihm und sich selbst nun aber fortwährend erzählen, dass es ein leicht verladbares Pferd ist, werden Sie nach und nach viele Probleme vermeiden können.*

*Das, worauf man fokussiert, wird Wirklichkeit!*

*Das ist die größte Wahrheit des Lebens."*

## Sinn und Unsinn von Rettungsseilen

Für Carola Lind ist mentales Reiten – also das Reiten vorwiegend über die Einwirkung von Gedanken statt plumper körperlicher Hilfen – eine Fortführung dessen, was sich aus der Kommunikation mit Tieren und ganzheitlich erfasster Bodenarbeit selbstverständlich und natürlich ergibt. Es ist eine Weiterentwicklung des großen Feldes der Möglichkeiten, die sich aus der Anwendung von Telepathie entwickeln.

Um mental reiten zu können, braucht man einzig zwei Sachen: den Menschen und das Pferd. Und das meint Carola Lind wörtlich.

*„Davon ausgehend sind alle ‚Rettungsseile' total unnötig. Denn sie fördern nur eingleisiges, engstirniges Denken und sperren den Reiter einzig in Gedankenbahnen ein, die immer weitere Rettungsleinen nach sich ziehen: Hilfszügel, Sporen – Sie können die Liste beliebig fortführen.*

*Mentales Reiten ist etwas so Schlichtes, eine Verfeinerung, Verminderung von äußerem Einfluss, dass es für Sie geradezu lächerlich einfach wirken wird, wenn Sie das Gefühl erst einmal gespürt haben. Das richtige Gefühl."*

Rettungsleine, Schwimmflügel, Rettungsring, Anker – was bedeutet Ihnen Ihr Hilfszügel, Ihr Werkzeug im Umgang mit Ihrem Pferd eigentlich wirklich? Diese Werkzeuge als „Rettungsseil" zusammenzufassen, finde ich treffend. Kennen Sie die umgangssprachliche Bezeichnung für jenen kleinen Riemen am Vorderzwie-

sel des Sattels? „Maria hilf!" haben wir ihn in Süddeutschland als
Kinder genannt. Bezeichnend, oder?
All diese Ausstattung wirkt wie eine Ritterrüstung, ein Kampf-
anzug, bevor man in den Ring steigt. (Wir reden hier wohlgemerkt
nicht von Sicherheitskleidung wie Reitkappe oder Militaryweste!
Diese Dinge haben absolut ihre Berechtigung!)
Dabei ist das Pferd doch kein Gegner! Es sollte Freund sein. Wenn
es nicht beiden Spaß macht, miteinander zu sein, wo ist dann der
Sinn? Warum lässt man es dann nicht besser? Oder wie ich einmal
Linda, die Frau Pat Parellis, auf einem Kurs von ihren Erfahrungen
sagen hörte:

*„Wenn ich ein Pferd mit allen erhältlichen Hilfszügeln fessle und kneble
– was habe ich davon? Wenn unsere Beziehung nicht stimmt, wird es
immer noch mit mir durchgehen – allerdings in perfekter Aufrichtung.
Nur was habe ich damit gewonnen?"*

Die Kunst des Reitens mittels Gedankenübertragung besteht darin,
dass Sie dem Pferd ein Bild dessen zeigen, was Sie von ihm möchten. Durch dieses Gedankenbild zeigen Sie ihm, was es tun soll, wie
es aussieht, wenn das Pferd dies tut, wie es sich für das Tier anfühlt,
wenn es diese Bewegung ausführt. Klingt schwierig? Nur Mut –
nicht verzagen. Glauben Sie an sich selbst. Über das, was Sie bisher
gelernt und verinnerlicht haben, sind Sie in der Lage, sich in jeder
Hinsicht in jede Bewegung, in jedes Gefühl hineinzuversetzen.
Strengen Sie sich nicht nur an, Ihrem Pferd etwas Positives vermitteln zu wollen. Das ist der zweite Schritt. Der erste und wahrscheinlich schwierigere ist der, über die hauseigene Schwelle zu gelangen.
SIE müssen an SICH glauben. An IHRE Fähigkeit. Fangen Sie stets
bei sich an, überprüfen Sie Ihre Einstellung – und dann gehen Sie
weiter zum Pferd.

*„Begegnen Sie Ihrem Pferd wie zum allerersten Mal. Sehen Sie ihm
unvoreingenommen in die Augen. Versuchen Sie eine Vorstellung davon
zu bekommen, was das für ein Individuum ist, das Sie da vor sich haben.*

*Was Ihnen in dieser Situation wohl am meisten ins Auge sticht, wird das Äußere sein. Ob ein Pferd irgendwelche Mängel hat, ob es eine liebenswerte Schale hat.*

*Im Gegensatz dazu sieht das Pferd an sich mitten durch Sie hindurch, mitten in die Seele hinein und spürt in Ihrem Inneren nach, um sich eine Meinung zu bilden, ob Sie ein Wesen sind, das es wert ist, geliebt zu werden. Es kontrolliert dabei sogar Ihre Körpersprache und bezieht sie mit ein, um Sie in einer Rangordnung einzustufen.*

*Versuchen Sie, so viel Zeit wie möglich mit Ihrem Pferd zu verbringen. Dann wird es in der Regel etwa drei bis vier Wochen dauern, bevor Sie anfangen zu verstehen, wie es funktioniert. Dann wissen Sie, wie das Pferd in unterschiedlichen Situationen reagiert, und können fast selbst fühlen, wie es denkt.*

*Zu diesem Zeitpunkt kennt Ihr Pferd Sie längst in- und auswendig. Wenn Sie dann anfangen zu reiten, wenn Sie anfangen zu fühlen, was in ihm abläuft, wenn Sie draufsitzen, hat sich das Pferd schon ausgerechnet, wie es weitergehen wird: gut, schlecht, langweilig, spannend, usw. Also bieten Sie ihm Abwechslung.*

*Wenn Sie sich bewusst werden, wie ein Pferd funktioniert, von innen und außen, so können Sie ihm direkt begegnen, exakt auf der richtigen Ebene, und sich beide gemeinsam Stück für Stück entwickeln – ohne die bereits genannten ‚Rettungsleinen‘.“*

## Carolas Gedankenspiel zur Ausrüstung

*„Was für eine Ausrüstung haben Sie für Ihr Pferd?*
*Nehmen Sie sich bitte einmal Papier und Stift und schreiben Sie jeden einzelnen Gegenstand Ihres üblichen Zaumzeugs auf. Detailliert! Die Liste kann etwa so aussehen:*
- *Kopfstück*
- *Nasenriemen*
- *Gebiss*
- *Zügel*
- *…*

Fast jede Antwort wirft eine neue Frage auf: Pferdedolmetscherin Carola Lind und Redakteurin Karin Müller führten unzählige Diskussionen auf dem Weg zu diesem Buch.

Träumen Sie nicht länger davon, leben Sie Ihren Wunschtraum. Jeder kann die Sprache der Pferde verstehen lernen. Wir finden, dieses wunderbare Geschenk ist die Mühe und Geduld wert, die es kostet, es zu öffnen.

Mentales Reiten setzt Körperbewusstsein voraus. Anne-Lee übt unter Carolas Anleitung, Jilgueros Gliedmaßen im eigenen Körper zu erspüren – in der Bewegung wie im Halten.

Zirkel und immer wieder Zirkel: Das ist ideales körperliches und geistiges Training für Pferd und Reiter.

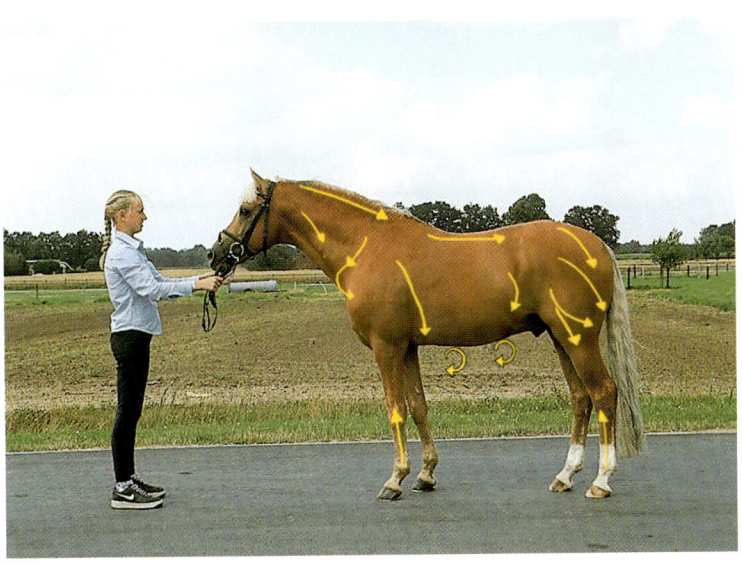

Massage regt den Lymphfluss und somit den Abtransport von Schlacken aus dem Organismus an. Daher ist es wichtig, in Richtung der einge-zeichneten Pfeile zu massieren.

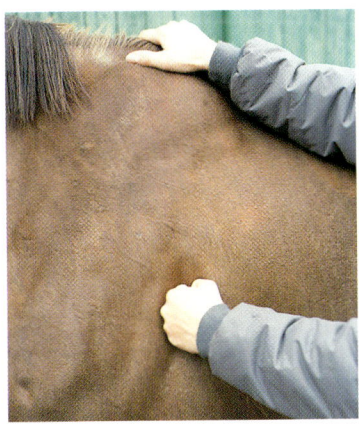

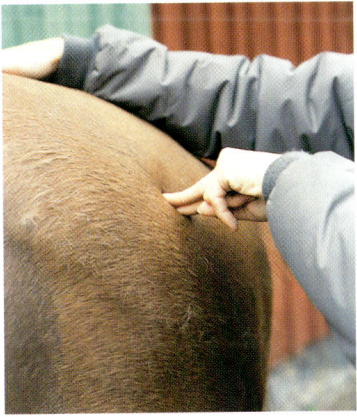

Richtige Massagegriffe sind das A und O. Kompression: Mit sanftem Druck der Faust kneten Sie verhärtete Muskelpartien und erreichen so auch tiefere Schichten des Gewebes.

Akupressur: Auf Knötchen drücken Sie mit einem oder zwei Fingern.

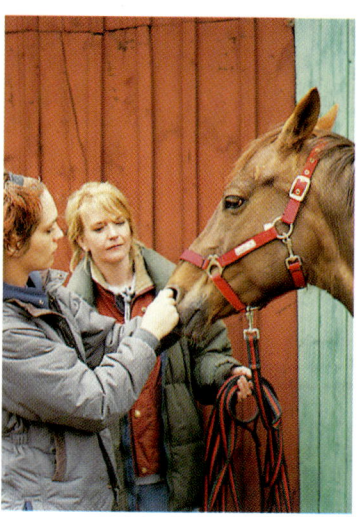

Das wird Ihr Pferd genießen: Vorsichtiges Kreisen und sanftes Anheben des Schweifs, Wirbel für Wirbel. Und zum Abschluss der Massage ein sanft dehnender Zug.

Auch Pferde lieben Gesichtsmassage: Reiben und kneten Sie sanft die empfindlichen Nüstern oder die Innenseiten der Lippen.

Viele unerkannte Rückenprobleme führen zu einem schiefen Becken.

Um zu erkennen, ob die Hüfte des Pferdes in Ordnung ist, muss es gleichmäßig auffußen.

*Schreiben Sie jetzt bitte neben jeden Punkt eine Begründung. Warum benötigen Sie genau diese Sache bei Ihrem Pferd? Bitte seien Sie sehr genau in Ihrer Erklärung. Ein einfaches ‚Muss man haben' oder ‚Haben alle' reicht nicht aus. Wenn Sie fertig sind, gehen Sie Ihre Liste Schritt für Schritt durch.*
*Für welches Teil fiel es Ihnen am schwersten, die richtige Motivation und Begründung zu finden? Probieren Sie einfach aus, dieses Ding beim nächsten Mal, wenn Sie reiten gehen, wegzulassen.*
*Halt! Kommen Sie noch mal zurück! Jetzt sollen Sie natürlich nicht drauflosstürmen und irgendetwas Unüberlegtes tun. Das hier ist ein Prozess, der Zeit braucht. Hören Sie auf Ihren Bauch! Es muss sich gut und richtig anfühlen. Und immer noch sicher, dieses Teil – oder besser diese Rettungsleine – wegzulassen.*

*Jetzt können Sie sukzessive Ihre Liste durchgehen und Stück für Stück weglassen. Wenn Sie einen Gegenstand durch einen anderen ersetzen, vermerken Sie dies wiederum auf dem Papier."*

Warum eigentlich legen wir dem Pferd jede Menge Hilfsmittel um, die wir in Wirklichkeit gar nicht brauchen?
Ein paar Motive dafür können sein:

• weil die anderen im Stall das auch so machen,
• weil das bei der Trense/dem Kopfstück dabei war,
• weil ich mich nicht traue, das wegzulassen,
• weil ich das immer schon so gemacht habe,
• weil ich es ganz einfach hübsch finde.

*„Versetzen Sie sich jetzt einmal in die Situation des Pferdes, Stück für Stück – spüren Sie, wie es sich anfühlt, genau dieses Stück zu tragen. Tun Sie dies mit jedem einzelnen Gegenstand und spüren Sie, wie es sich anfühlen würde, dieses oder jenes Teil wegzulassen. Wie würde sich das Pferd verhalten, wenn es weg wäre? Würde es Sie beherrschen? Schließen Sie die Augen und spüren Sie in sich hinein.*
*Ja aber, muss man denn unbedingt etwas weglassen?*

*Nein, nicht wenn Sie ganz ehrlich jedes Stück der Ausrüstung des Pferdes rechtfertigen und begründen können, wenn Sie exakt wissen, wofür es Ihnen nützt und was es beim Pferd bewirkt.*

*Und bei Ihnen? Das ist ein heikles Thema. Was auch immer Sie tragen, was auch immer Sie im Stall anhaben oder wenn Sie reiten, wenn Sie fahren, das alles kann nichts, absolut nichts daran ändern, was Sie in sich drin tragen – nämlich ein Gefühl dafür, was Sie tun.*

*Fügen Sie Zubehör wie Hilfszügel, Gerte und Sporen Ihrer Liste mit Ausrüstungsgegenständen hinzu und denken Sie GRÜNDLICH darüber nach, warum Sie diese Dinge brauchen.*

*Man muss ein richtig guter und ausgebildeter Reiter auf Profiniveau sein, um solche Hilfsmittel richtig einsetzen zu können. Sind Sie das? Denken Sie drüber nach."*

## Die Begegnung mit dem Pferd – Zusammenfassung

Die einzige Strafe, die Sie anwenden sollten, ist, das Pferd gegebenenfalls unmittelbar rückwärts zu richten. Alles, was Sie brauchen, um als Herdenführer anerkannt zu werden, vermitteln Sie dabei über Ihre Körpersprache. Wie Carola so schön sagt:

*„Stehe ich, steht das Pferd."*

Die Pferde lesen an Ihrer Körpersprache ab, was Sie von ihnen möchten: stehen bleiben, zurückgehen, vorwärts gehen, seitwärts, wenden etc.

Es sei noch einmal betont: Jedwedes Dominanz- und Führungstraining fängt nicht erst im Sattel an – sondern schön vom Boden aus. Da fällt man nicht so tief, und fürs Pferd ist es auch natürlicher, wenn sie ihm Aug in Aug gegenüberstehen und nicht wie ein Raubtier auf ihm hocken. Wenn Sie aufs Pferd wollen, sollte das Vertrauen vorher stehen. Auf beiden Seiten.

Carola legt viel Wert auf die Feststellung, dass sie immer mit Sicherheit als Ausgangspunkt arbeitet. In jedem Moment, in dem wir mit Pferden umgehen, ist unbedingte Sicherheit erforderlich.

Beachten Sie bitte zwei grundsätzliche Regeln:
• Das Pferd soll immer hinter Ihnen gehen.
• Bleiben Sie stehen, bleibt auch das Pferd stehen.

Das muss von Anfang an und unbedingt zwischen Ihnen beiden funktionieren. Weil Carola sich ganz selbstverständlich als diejenige sieht, welche die Führung innehat, kommt es ausgesprochen selten vor, dass ein Pferd das in Frage stellt.
Ihnen wird das vermutlich – vor allem zu Anfang – etwas häufiger passieren.
Ein Pferd braucht nach Carolas Erfahrung etwa zwei Minuten, um einzusehen, wer der Boss ist.

*„Mit Hilfe von Bodenstangen kann man dem Pferd zu verstehen geben, dass man sogar das Recht hat, zu bestimmen, welches Bein es bewegen soll.*
*Das Pferd bewegt ausschließlich und genau das Bein, das ich ihm mit dem Bild dazu im Kopf (‚Bewege dieses Bein‘) zu verstehen gebe. Vor und zurück, Stück für Stück.*
*Wenn ich allmählich merke, dass das Pferd sich vollständig unterwirft, also meinen Instruktionen ohne Widerspruch oder Zögern folgt, ist es Zeit aufzusitzen.“*

## Vom Sattel aus: Körperbewusstes Reiten mit Gedanken

Idealerweise beginnt man vor dem täglichen Ritt auch wieder zuerst vom Boden aus. Während dieser Bodenarbeitsphase, die etwa zwanzig Minuten dauert, arbeitet Carola Lind nur im Schritt, eventuell im Trab. Das Pferd ist dadurch vollständig aufgewärmt. Aber Schritt ist die Gangart, auf die es ankommt. Denn dort, so Carola, stärkt und kräftigt man die Bewegungsabläufe.

*„Erst wenn die Bewegungen im Schritt sitzen, kann man zu den anderen Gangarten übergehen. Das Allererste, womit man arbeitet, ist der Halt.“*

### Das Halten

„*Im Halt konsolidiert man von Anfang an den Gehorsam. Der Halt ist die Grundlage, die Quelle, aus der man alles schöpft, was man später braucht. Das Halten ist zweifellos eine Rettungsleine – aber nur, wenn es funktioniert! Nur, wenn Sie ihrer würdig sind.*

*Beginnen Sie zum Beispiel damit, mit dem Pferd im Schritt eine Volte zu reiten. Mit den Zügeln halten Sie nur leichten Kontakt, geben Sie den Bewegungen des Kopfes weich nach, machen Sie sie mit den Händen mit. Indem Sie dem Pferd durch ein Bild, das Sie in Ihrem Inneren kreieren, zeigen, wie Sie gerne hätten, dass es sich bewegt, erreichen Sie, dass das Pferd hellhörig und empfänglich bleibt für Ihre Signale.*
*Indem Sie den Bewegungen des Pferdes folgen und sie mitmachen, sich mit dem Pferd wie ein Körper fühlen, bekommen Sie es dazu, mit Ihnen in Harmonie zusammenzuarbeiten.*
*Bereiten Sie Ihr Pferd rechtzeitig vor. Schon zehn Meter, bevor Sie auf der Kreislinie halten möchten, senden Sie ihm einen optischen Eindruck davon: Wie wird es aussehen, wenn es anhält, wie wird es sich anfühlen?*
*Dann unterstützen Sie diese Visualisierung nur noch durch minimale äußere Hilfen: Setzen Sie sich tief in den Sattel und nehmen Sie die Zügel ein klein wenig an. Das sollte reichen. Wenn Ihr Pferd nicht auf Anhieb versteht, was Sie von ihm möchten – bestrafen Sie es nicht, machen Sie es einfach nochmal. Und wenn es dann tut, was Sie wollen, wenn es anhält, loben Sie sofort und überschwänglich.*“

Und das solls dazu auch schon gewesen sein. Jetzt staunen Sie aber?! Doch, ehrlich. Das wars zum mentalen Reiten. Damit haben Sie alles, was Sie brauchen.
Wir wollen Ihnen hier ja nur exemplarisch zeigen, wo es langgeht. Beschreiten, gestalten müssen Sie den Weg selbst – und dazu gehört auch, dass Sie sich eigene Gedanken darüber machen, wie Sie das Gelernte in die Praxis umsetzen. Denken Sie sich selbst Beispiele aus. Lassen Sie Ihre Fantasie spielen. Bieten Sie Ihrem Pferd Abwechslung, die Ihnen, Ihrer beider Können und Ausbildungsstand angemessen ist.

Dieses Buch ist keine Reitlehre. Es gibt genügend sehr gute auf dem Markt, in denen Sie alles nachschlagen können. Uns kommt es darauf an, Ihnen zu zeigen, wie Sie Ihren Geist, Ihre Kommunikationsfähigkeit mit allen sechs Sinnen schulen können. Sie lernen so, Ihre Einstellung zu überprüfen. Fürs tägliche Bodentraining, für freie Arbeit, an Longe, Doppellonge oder unterm Sattel.

Wenn Sie mehr Beispiele möchten, was oder wie Sie mit Ihrem Pferd trainieren können, schlagen Sie gern das Kapitel über die Ausbildung von Trabern auf. Hier finden Sie einige Möglichkeiten, die Sie eins zu eins übertragen können.

Wir möchten Ihnen an dieser Stelle aber noch ein paar Tipps zum Körperbewusstsein geben. Die Voraussetzung dafür, dass Sie Ihrem Pferd Bilder davon übermitteln können, wie es im Halt oder in welcher Bewegung auch immer aussehen, wie es sich anfühlen soll, ist ja, dass Sie selbst ein Gespür entwickeln. Auch und vor allem ein Gespür dafür, ob Sie selbst sich „gerade" oder „schief" halten.

## Körperbewusstsein trainieren

Wenn Sie den Körper des Pferdes fühlen wollen, müssen Sie zunächst Ihren eigenen fühlen können. Um also Kontakt mit dem Pferd zu bekommen, müssen Sie zunächst daran gehen, Kontakt zu sich selbst zu finden. Sie möchten ein Pferd durch feine Hilfen lenken? Dann werden als Erstes Sie lenkbar!

Wenn Sie lernen möchten, mental zu reiten, wenn Sie eines Tages in die Lage kommen möchten, Ihr Pferd nur noch durch Gedanken zu lenken, dann ist das die Voraussetzung dafür. Sie können es nur von der Pike auf lernen.

Das Folgende, von Carola Lind entwickelte, Training dient dazu, dass Sie Kontrolle über Ihre Körperteile bekommen und sie in Bezug aufs Reiten stärken.

*„Spannen Sie in Serien verschiedene Körperpartien an. Achten Sie darauf, dass Sie wirklich einzig und allein NUR den Bereich anspannen,*

der hier angegeben ist. Nehmen Sie keine angrenzenden Glieder oder Muskeln zu Hilfe!

Spannen Sie an, und anschließend lassen Sie direkt wieder locker. Was wir damit erreichen wollen, ist, dass Sie jedes einzelne Körperteil spüren.

### Ohne Pferd

Spannen Sie in Folge an:
Die Unterarme, abwechselnd, je fünfmal.
Die Waden, abwechselnd, je fünfmal.
Die Wangen, abwechselnd, je fünfmal.
Die Oberseite der Oberschenkel, abwechselnd, je fünfmal.
Stirn, Kinn, abwechselnd, je fünfmal.
Die Oberarme, abwechselnd, je fünfmal.
Ich kann gar nicht genug betonen, wie sehr es darauf ankommt, dass Sie wirklich NUR den angegebenen Körperteil anspannen.

### Mit dem Pferd

Gehen Sie Schritt auf dem Zirkel oder auf dem Hufschlag in der Reitbahn.
Lassen Sie das Pferd am langen Zügel in einem ruhigen Takt und Tempo gehen.
Wiederholen Sie jetzt die Übungen auf dieselbe Weise.
Spannen Sie in Folge an:
Die Unterarme, abwechselnd, je fünfmal.
Die Waden, abwechselnd, je fünfmal.
Die Wangen, abwechselnd, je fünfmal.
Die Oberseite der Oberschenkel, abwechselnd, je fünfmal.
Stirn, Kinn, abwechselnd, je fünfmal.
Die Oberarme, abwechselnd, je fünfmal.

Spüren Sie danach hin, wo Sie die Körperteile des Pferdes in IHREM Körper fühlen. Das klingt vielleicht höchst sonderbar, aber mit ein bisschen Fantasie und Einfühlungsvermögen funktioniert es immer.
Wo in Ihrem Körper können Sie das innere Hinterbein Ihres Pferdes fühlen? Wo fühlen Sie das äußere Hinterbein?

Nehmen Sie sich einen Augenblick Zeit und überlegen Sie.

Wo in Ihrem Körper fühlen Sie, wie sich die Wirbelsäule Ihres Pferdes bewegt?

Überlegen Sie eine Weile.

Machen Sie es genauso mit den anderen Körperteilen: dem Kopf des Pferdes, der Vorhand, seinem Bauch, dem Pferdehals.

**Antwort:**

Das innere Hinterbein sollten Sie etwas oberhalb Ihrer Pobacke auf derselben Seite fühlen.

Das äußere Hinterbein entsprechend oberhalb der Pobacke auf der dazugehörigen Seite.

Wenn Sie die Beine etwas weiter unten spüren, müssen Sie noch ein bisschen arbeiten, bevor Sie einen guten Kontakt zueinander haben.

Wenn Sie die Pferdebeine überhaupt nirgends im Pobereich spüren, sollten Sie noch einmal ganz von vorn beginnen hinzufühlen – oder ernsthaft darüber nachdenken, ob der Pferdekörper gleichmäßig und gerade ist. Wenn Sie ein Bein richtig und das andere falsch spüren, bekommen Sie auf diese Weise heraus, wo das Pferd eine Schiefe sitzen hat. Nämlich genau auf der Seite, die sich für Sie, an Ihrem Körper, nicht richtig angefühlt hat.

Das Rückgrat des Pferdes sollten Sie in der Mitte unterhalb Ihrer Schulterblätter fühlen. Wenn Sie sein Kreuz weiter unten spüren, müssen Sie bis zu einem guten Kontakt noch ein bisschen weiterarbeiten.

Nehmen Sie die Wirbelsäule irgendwo anders als in Ihrem Rücken wahr, sollte man wiederum untersuchen, ob das Pferd vom Körper her gerade ist. Wenn Sie deutlich fühlen, dass das Rückgrat auf einer Seite Ihres Rückens sitzt, wissen Sie, dass dies die Seite ist, wo das Pferd schief ist.

Den Kopf Ihres Pferdes sollten Sie am Brustbein, genau mittig, unterhalb der Brust spüren. Wenn Sie seinen Kopf weiter unten spüren, gilt es wieder, den Kontakt durch ein bisschen mehr Arbeit weiter zu verbessern.

Wenn Sie den Kopf irgendwo anders als an Ihrer Rumpfvorderseite spüren, sollten Sie auch wieder untersuchen, ob das Pferd wirklich überall gerade ist. Spüren Sie deutlich, dass der Kopf irgendwo seitlich an Ihrer Vorderseite sitzt, wissen Sie schon mal, welche Seite Ihres Pferdes schief ist. *Das innere Vorderbein sollten Sie auf der gleichseitigen Oberschenkel-oberseite spüren. Das äußere Vorderbein entsprechend auf der anderen Seite. Wenn Sie sein Bein weiter unten spüren, müssen Sie noch ein biss-chen am Kontakt feilen. Fühlen Sie nirgendwo im Schenkel ein Pferde-bein, spüren Sie noch einmal genau hin. Von vorn. Oder prüfen Sie genau, ob Ihr Pferd im entsprechenden Bereich wirklich körperlich in Ordnung ist oder eine Schiefe hat. Wenn Sie eine Seite korrekt und die andere falsch fühlen, spüren Sie dadurch bereits, wo das Problem sitzt – nämlich auf der Seite, wo es sich nicht richtig angefühlt hat.*

*Den Pferdebauch sollten Sie in sich spüren. In Ihrer Mitte, im Magen, innen drinnen, manchmal auch etwas tiefer, im Unterleib.*

*Wenn es Ihnen schwer fällt, den Bauch zu erspüren, ist das okay. Das wird Ihnen vermutlich nicht gelingen, bevor Sie alles andere richtig und perfekt spüren können.*

*Der Hals des Pferdes fühlt sich für verschiedene Menschen unterschied-lich an. Das ist abhängig von Rasse und Geschlecht des Pferdes. Wichtig sich zu merken ist hier vor allen Dingen, dass er sich auf jeden Fall in Ihrem Körper mittig anfühlt und nicht zu einer Seite verzogen. Sonst können Sie damit rechnen, dass das Pferd auf dieser Seite schief ist.*

*Das ist das Ergebnis aus gut zehn Jahren Experimentieren mit verschie-densten Reitern: Reitschulreitern, Privatschülern, Fortgeschrittenen, An-fängern – und natürlich jeder Menge Arbeit an mir selbst.*

*Ich sehe es so, dass ich, indem ich mich selbst kenne, auch das Pferd kenne und fühlen kann. Indem ich die Geschmeidigkeit und den Kontakt zu meinen eigenen Gliedern trainiere, lerne ich, den Körper des Pferdes mit sehr geringen und feinen Hilfen zu kontrollieren. Das wiederum kann viel wert sein und Gewicht bekommen bei behinderten Reitern – und sogar bei behinderten Nichtreitern.*

*Indem ich dieses Bewusstsein bekomme, kann ich aufsitzen und unmittelbar spüren, ob das Pferd eine Störung im Bewegungsmuster hat. Natürlich braucht das Training und Disziplin. Denn es passiert ganz leicht, einen Extramuskel mit einzuschalten, wenn man beispielsweise nur den Unterarm anspannen möchte.*

*Wenn Sie als Reitlehrer arbeiten, haben Sie mit diesen Techniken eine unschätzbare Hilfe, die darüber hinaus immer eine Abwechslung zu den üblichen Lektionen und gleichzeitig nützlich und lernenswert ist."*

Probieren Sie Carolas Übungen aus! Sie werden vom Ergebnis mit Sicherheit überrascht sein! Ich erinnere mich gut an die zweifelnden Blicke von Carolas Reitschülerinnen Emma und Kärstin. Es war ihre erste Unterrichtsstunde im mentalen Reiten. Das Pferd am langen Zügel auf dem Zirkel reiten? Über Bodenstangen? Und dann auch noch fühlen, wo im eigenen Körper man den Pferdekopf spürt? Die Skepsis war den beiden Frauen ins Gesicht geschrieben – und ihre Pferde Sisse und Jaffe spiegelten deutlich die Aufregung ihrer Reiterinnen. Ein Erlebnis war es dann allerdings, minutenschnell die Veränderung zu erleben: Alle vier wurden ruhig, entspannten sich, die Pferde gingen wunderbar versammelt – trotz der hingegebenen Zügel, bogen ab, wo sie sollten, hielten an, wo sie sollten, und fußten sogar zuletzt mit dem Hinterbein auf, das angesagt war. Nach einer Stunde waren alle vier schweißnass, obwohl nur im Schritt gearbeitet worden war und im unwirtlichen Schwedenwinter bestimmt zehn Grad minus in der Halle herrschten.

## Als sich Lotta die Nackenhaare aufstellten

Lotta Petersson aus Torup nahm an einem mehrtägigen Kurs bei Carola teil, der nicht nur Kommunikation, sondern auch OKIDU-Healing und mentales Reiten beinhaltete.
*„Als Carola bei meinen Pferden gewesen war und das, was sie erzählte, so haargenau stimmte, entschloss ich mich, einen Kurs bei ihr mitzumachen. Ich muss zugeben, dass ich ein bisschen skeptisch war, ob ich so etwas lernen könnte, aber mein Bauch sagte mir, dass Carola nicht sagen würde, dass alle es lernen können, wenn das nicht auch stimmte.*
*Am ersten Tag, als wir mit Pferden sprachen, kamen die Antworten als vereinzelte Wörter an und ich fand es schwierig, sicher zu sein, ob es sich um die Gedanken eines Pferdes oder um meine eigenen handelten.*

Aber am dritten Tag passierte etwas Unglaubliches. Ich saß auf der Weide und sprach mit einem Pferd, und ganz plötzlich fing meine Hand an, sich vollkommen selbstständig zu bewegen, und schrieb mit gewaltigem Tempo auf, was das Pferd erzählte – und das auch noch mit einer ganz fremden Handschrift. Leicht zu raten, dass mir die Haare im Nacken zu Berge standen! Mittlerweile habe ich mich daran gewöhnt, dass das jedes Mal geschieht, wenn ich mit einem Tier spreche. Je mehr man übt, desto leichter geht es. Aber mit meinen eigenen Vierbeinern finde ich es schwer. Ich weiß ja so viel über sie, dass ich manchmal nicht ganz sicher bin, ob sich nicht doch eigene Gedanken einschleichen.

Wenn es sich um ein mir völlig unbekanntes Tier handelt, ist es leichter, dem Ganzen zu vertrauen – und bis jetzt hat immer alles gestimmt.

Das mentale Reiten ist wahnsinnig gut. Es bewirkt, dass man sich seines eigenen Körpers bewusst wird und merkt, wie es sich anfühlen soll, wenn man es richtig macht. Das ist ein Gefühl, auf einem Pferd zu sitzen, wenn man spürt, dass die Kommunikation funktioniert!!! Die erste Übungsphase beim Reiten dauerte höchstens eine Viertelstunde, aber ich war noch nie in meinem Leben so müde wie nach diesem Ritt – sowohl körperlich als mental.

Am Tag danach hatte ich den furchtbarsten Muskelkater, den man sich nur vorstellen kann. Sich auch nur aus dem Bett zu robben war eine Riesenarbeit!

Außerdem muss ich einfach Carolas wunderbares vegetarisches Essen erwähnen. Ich habe noch nicht einmal im feinsten Restaurant leckerer oder besser gegessen. Absolut unübertrefflich."

## Mentales Training – nicht nur für den Pferdealltag

„Vielleicht fragen Sie sich, wozu man mentales Training braucht. Warum sich nicht einfach mit dem Leben zufrieden geben, wie es ist? Wieso sollen wir immer mehr und mehr leisten? Warum setzen wir uns, und vor allem unsere Kinder, diesem Druck aus? Ja, vielleicht kann das sogar zu Leistungsdruck führen, der zu anderen, noch viel schlimmeren Krankheiten führt, wie traumatischen Zuständen, Anorexie, Depression u. v. m.

Wir Eltern haben offenbar das Bedürfnis, zu sehen, dass unsere Kinder das werden, was wir nie geschafft haben. Zu sehen, wie unsere Kinder mehr leisten, um damit unser eigenes Ego zu stärken und die Angst zu heilen, die wir immer ertragen mussten, weil unsere Eltern nicht mit uns zufrieden waren. Und weil sie nicht mit uns zufrieden waren, sind wir all die Jahre herumgelaufen mit dieser Schuld auf unseren Schultern, weil wir unsere Eltern nicht zufrieden stellen konnten. Und da stehen wir jetzt mit einem eigenen Kind – und wir wollen ja auf keinen Fall, dass es ins gleiche Schicksal gerät wie wir, also diesen Druck zu spüren bekommt. Nie würden wir etwas tun, dass es diesem Kind schlecht geht – und mitten drin in all dieser Heuchelei stehen wir trotzdem da und feuern an und fragen uns, ob unser Kind nicht doch ein bisschen mehr Ehrgeiz an den Tag legen könnte. Ich meine, Sie haben doch immerhin all die Hobby-Ausrüstung auf dem neuesten Stand gekauft, die man für Geld überhaupt nur zu kaufen kriegt.

Kommt Ihnen das bekannt vor?

Wir üben selbst Druck aus und rackern uns ab, sind aber nie zufrieden. Und was macht das mit unserem Selbstvertrauen, wenn man schuftet und schuftet und immer die anderen, die Widerstände, gewinnen?!?

Wie fühlen wir uns, wenn wir nicht gewinnen, und wie geht es unseren Kindern?

Kinder haben es schwerer als wir Erwachsene, sie sollen nicht nur für sich selbst Zufriedenheit erreichen, sondern auch noch ihre Eltern zufrieden stellen.

Durch mentales Training und Zielbildtraining können wir alle unser Innerstes erforschen und unsere eigene Kapazität erfühlen, unabhängig vom Alter. Mit mentalem Training können Sie Ihr ICH stärken und ein Selbstvertrauen bekommen, das aus Ihrem Inneren wächst.

Mit einem solchen Selbstvertrauen finden Sie einen Ausweg, wenn Sie verlieren oder Misserfolge haben, ohne zurückzumüssen zum Ausgangspunkt des Spielfeldes, ohne sich allzu enttäuscht zu fühlen.

Sie können Stärke gewinnen, um weiterzugehen, ohne sich von sich selbst verlassen zu fühlen. Mit einem starken Selbstvertrauen kann ein Kind seine Druck ausübenden Eltern auf einem anderen Niveau angehen. Es muss die negativen Gefühle und Enttäuschungen der Eltern nicht für sich annehmen. Das Kind spürt die Emotionen sicherlich, auch wenn die Eltern versuchen, sie nicht zu zeigen.

Wenn Sie Ihr mentales Inneres entwickeln, setzen nur Sie selbst dafür die Grenze. Nur Sie können darüber bestimmen, wie Sie es im Leben haben wollen. Einzig Sie können entscheiden, was Sie in Ihrem Leben erreichen wollen. Sie!
Rein visuell können Sie all die Situationen schaffen, die Sie erleben wollen. Nur Sie können die Grenze ziehen.
Alle Menschen können mit Kraft ihrer Gedanken ihr Leben verbessern.
Nehmen wir an, Sie haben ein Ziel im Blick. Sportler oder nicht, das Ziel ist wichtig für Sie.
Wie stellen Sie sich vor, es zu erreichen?

Wenn Sie mit einer Situation arbeiten, in die ein Tier mit einbezogen ist, wie beim Reiten, beeinflussen Sie das Pferd genauso sehr wie sich selbst. Handelt es sich um Situationen, in denen nur Sie selbst etwas zustande bringen wollen, brauchen Sie keine Rücksicht auf das Tier zu nehmen.

Ich gehe im Folgenden davon aus, dass Sie mit einem Pferd arbeiten.
Wir haben ein Ziel. Wir müssen schon von Anfang an wissen, was wir erreichen wollen. Das Ziel muss es uns wert sein, erreicht zu werden.
In unserem Inneren müssen wir uns klar machen und klar sehen, in welcher Reihenfolge wir wollen, dass die Dinge geschehen, damit unser Ziel erreicht werden kann. Auf dem Weg zu unserem Ziel kann viel geschehen. Diese Sachen sollten wir schon zu Beginn berücksichtigen.

Alles auf dem Weg zum Ziel UND das Ziel selbst sollten wir positiv betrachten. Alles, was passiert, hat zwei Seiten, eine positive und eine negative. Transformieren Sie jeden negativen Gedanken in einen positiven, ungeachtet dessen, was Sie eigentlich davon halten.
Üben Sie sich darin, zumindest eine gute Seite auch in allen negativen Dingen zu sehen.
Versuchen Sie zu verinnerlichen, dass alles Schlechte, was passiert, nicht nur schlecht ist. Denn wie gesagt, alles hat zwei Seiten!

*Eine positive und eine negative.*

*Lehren Sie sich, die positive für sich anzunehmen, indem Sie alle Situa-*
*tionen, Geschehnisse, die winzigkleinste Sache zum Positiven wenden.*
*Das Negative sollten wir nicht sehen oder hervorheben. Wir sollten dem*
*Negativen keine Nahrung geben.*

*Das, was Sie fokussieren, worauf Sie sich konzentrieren, wird so geschehen.*
*Das ist eine Grundregel. Leben Sie danach.“*

Welchen Einfluss solche Projektionen (die so genannten „self fulfil-
ling prophecies“ gehören für mich mit in diese Kategorie) tatsächlich auf unser Leben haben, würde das eine oder andere weitere
Buch füllen. Damit öffnen wir natürlich einerseits Tür und Tor für
das weite Diskussionsfeld zum Thema „Zufall“, andererseits ist
aber Autosuggestion wissenschaftlich durchaus als wirksames
Phänomen bekannt. Man denke nur an den Placebo-Effekt.

Es scheint uns in der Tat wesentlich leichter zu fallen, Dinge
schwarz zu malen und mit einem lakonischen „Ich hab ja gleich gesagt, dass das nichts wird“ abzuhaken, als einen Bruchteil dieser
Konzentrationsenergie darauf zu „verschwenden“, den Spieß mental umzudrehen: uns Dinge positiv zu denken und bunt auszuma-
len, wie wir sie gern hätten. Lassen Sie sich mal überraschen, wie
oft Sie gegebenenfalls einen positiven „Huch! Das klappt ja wirklich!“-Effekt verbuchen können. Was kann es denn schaden?

### Carolas Meditationsübung:

Energien heranziehen und fokussieren.

*„Schließen Sie die Augen.*

*Nehmen Sie drei tiefe Atemzüge.*

*Fokussieren Sie Ihren Scheitel. Fühlen Sie, wie die Energien Ihren Schei-*
*tel aufwärmen.*

*Lassen Sie die Energien zu Ihrem Hals strömen. Fokussieren Sie Ihren*
*Hals. Fühlen Sie, wie die Energien Ihren Hals erwärmen.*

*Konzentrieren Sie sich nun auf Ihre Handflächen. Fühlen Sie, wie*
*Wärme Ihre Handflächen anfüllt.*

*Lassen Sie die Energien weiterströmen in Ihre Oberschenkel. Fühlen Sie, wie Ihre Beine warm werden.*

*Fokussieren Sie Ihre Stirn. Spüren Sie, wie sie warm wird.*

*Fokussieren Sie jetzt Ihren Bauch. Ziehen Sie alle Energie unten in Ihrem Bauch zusammen. Fühlen Sie, wie dort Wärme entsteht und sich ausbreitet.*

*Fokussieren Sie Ihre Füße. Fühlen Sie, wie Ihre Füße durch all die Energien erwärmt werden.*

*Nehmen Sie drei tiefe Atemzüge, öffnen Sie die Augen und kommen Sie zurück.*

*Auf dieselbe Weise können Sie alle möglichen Situationen in Ihrem Leben fokussieren."*

Wie das aussehen kann, haben wir schon bei der Gedankenreise auf Seite 73 kennen gelernt. Um besser verstehen zu können, was mentales Training bewirken kann, versetzen wir uns bitte einmal in unsere Kindheit zurück. Sie werden sich erinnern: Die Fähigkeit, unsere Wirklichkeit durch Gedankenkraft zu beeinflussen, haben wir alle mehr oder weniger stark ausgeprägt in uns.

*„Denken Sie sich einige Jahre zurück – genau genommen, versetzen Sie sich in das Jahr hinein, in dem Sie sechs Jahre alt waren. In diesem Alter geschieht sehr viel um einen herum.*

*Wie haben Sie es damals angestellt, Ihren Willen durchzusetzen?*

*Gequengelt – denken sicher jetzt die meisten. Aber wenn Sie jetzt vom Quengeln absehen: Sie haben sich in Situationen hineinversetzt, Bilder geschaffen von sich selbst und von dem, was Sie haben wollten, nicht wahr? Hatten Sie sich in solche verschiedenen Fantasien versponnen, konnten Sie richtiggehend schmecken, riechen, fühlen, wie es sein würde, genau das zu bekommen, was Sie haben wollten.*

*Ganz automatisch haben Sie diese kraftvollen Bilder Ihren Eltern geschickt, die auf irgendeinem telepathischen Weg diese Vibrationen aufgefangen haben. Sie spürten einen Hauch davon, wie wohl Sie sich fühlten, wie zufrieden Sie waren, während Sie diese unterschiedlichen harmonischen Situationen präsentierten.*

*Ganz automatisch haben Sie Ihr eigenes Unterbewusstsein dahin beein-flusst, zu glauben, dass Sie diese Sache bereits besäßen. Denn Ihre Ge-fühle waren so echt, dass Sie Ihr Unterbewusstsein dazu gekriegt haben, es zu glauben, und aus diesem Glauben heraus agierten.*

*Waren Sie nicht selbst mitunter ganz schön verwundert, wenn Sie dann plötzlich genau die Sache bekommen haben, nach der Sie sich so gesehnt hatten?*

*Die Freude darüber, das zu bekommen, was in Ihrem Leben ‚fehlte‘, wich so allmählich einem regelrechten Urvertrauen, dass das tatsächlich geschehen würde. In dem Maß nämlich, wie Sie Ihr Unterbewusstsein damit geladen haben, zu glauben, dass Sie es fast schon hatten.“*

Als Carola Kind war, lernte sie schnell, diese Methode für sich aus-zunutzen. Ihr wurde bewusst, so sagt sie heute, dass sie die Kraft hatte, das zu bekommen, was sie wollte.

Wenn sie ihr Ziel nicht ausreichend fokussierte, war sie furchtbar enttäuscht, denn dann traf das Erwartete nicht ein.

*„Wenn man sein Unterbewusstsein mit diesem Glauben auflädt und dann den Schmetterling doch nicht erwischt, an der Schokolade schnup-pert, die einem dann vor der Nase weggezogen wird, fühlt sich das gemein an. Aber dieses Gefühl wird ziemlich schnell vom Wunsch nach der nächsten Sache abgelöst, die man haben will.*

*Man verleitet also sein Unterbewusstsein dazu, etwas zu glauben. Und aus diesem Glauben heraus schafft das Unterbewusstsein regelrecht Si-tuationen, die es ermöglichen, das zu erschaffen, was man haben möchte. Wenn ich mir wünsche, dass eine bestimmte Situation eintreffen soll, wenn ich also will, dass etwas geschehen soll, dann visualisiere ich sie, schaffe die Umstände zunächst in meiner Fantasie. Ich male sie mir aus. Ich füttere die Situation, gebe ihr Leben, indem ich mich richtig ins Detail verliebe. Ich gehe durch jedes Detail, teile es sozusagen in Mikro-stückchen auf, und lasse jedes dieser Mikrostückchen aufleben, indem ich es in mein Herz schließe. Ich fühle, schmecke, rieche es. Ich sehe es wie einen Videofilm im Kopf – genau wie Sie, wenn Sie fantasieren. Indem man sich verhält, als ob man etwas schon besitzt, das man gerne haben möchte, als ob das bereits geschehen wäre, von dem man möchte, dass es geschieht – dadurch wird es geschehen, und zwar im wirklichen Leben."*

## Åsa Bauhns Erfahrungen

*„Ich heiße Åsa Bauhn und komme aus Dalby. Das liegt bei Malmö. Carola bei einem Kurstag zuzuhören und an ihrem Alltag teilhaben zu können war wunderbar. Das Gefühl, als ich erkannte, dass es mir auch passierte, dass ich Telepathie empfangen konnte, war unbeschreiblich. Anfangs hatte ich Angst, dass es meine eigene Fantasie wäre, die mir einen Streich spielte. Aber als Carola nickte und wiedererkennend lächelte, als ich erzählte, was ich von den Tieren aufgefangen hatte, wurde mir innerlich ganz warm. Carola und ich haben guten Kontakt miteinander und wir kommen leicht überein. Das Gefühl und Verständnis von Carola vermittelt zu bekommen, was und warum es passierte, war das Beste daran.*

*Es funktioniert wirklich, alle haben diesen sechsten Sinn latent in sich, diese mentale Geschichte. Man stelle sich vor, wenn alle wie Carola wären und das Leben aus ihren Augen sehen würden, dann würde es keine Not geben, keinen Krieg oder Leiden. Nur Wärme, Liebe und Verständnis.*

*Es funktioniert sogar, wenn ich allein bin. Was ich noch üben muss, ist klar zu kriegen, in welchem Zusammenhang ein Pferd etwas meint. Einmal erzählte mir zum Beispiel ein Wallach ganz einfach ‚neue Eisen'. Ich nahm an, dass er neue Eisen haben wollte und dass ein neuer Beschlag notwendig war, aber er hatte gerade neue bekommen – solche Sachen muss ich trainieren.*

*Das Gespür, ob ein Pferd gesund ist oder ob es ihm nicht so gut geht, habe ich. Aber wie gesagt, ich muss besser werden in der Kommunikation selbst.*

*Carola hat auch meine Pferde schon gestretcht und mit ihnen geredet. Sie hat meinem alten Pferd Sören, das in ein Unglück verwickelt gewesen war, sehr geholfen. Er brach in einen Brunnen ein und verstauchte sich* den ganzen Körper. Beide Hinterbeine waren vom Huf bis zu den Leisten aufgeschnitten. Er wurde ganz schief im Rücken und die komplette Hüfte war verdreht. Sören wurde lange nicht derselbe wie vorher – bis Carola hier herunterkam und ihn wieder gerade gerichtet hat. Sie bekam das in einem Anlauf wieder hin. Und heute geht es ihm besser als jemals zuvor! All meine Pferde, Musse, Jojje, Nova, Sören, Skorpan und Massa, wurden viel munterer, losgelassener und es ging ihnen schon nach Carolas erstem Durchlauf sichtlich viel besser.

Mich hat vor allem eine Episode bewegt: Carola sprach mit Noviform, genannt Nova, und er erzählte ihr, dass er nicht kalt geduscht werden wollte. Und ich blöder Esel hatte ihn zwei Tage vorher tatsächlich mit eiskaltem Wasser abgeduscht. Also, funktioniert es?

JA! WIRKLICH!

Ich hab mich geschämt wie ein Hund für das, was ich getan hatte. Es war warm draußen gewesen, also hatte ich gedacht, wie schön ein kurzer kalter Guss sein müsste. Aber ach, wie ich mich da getäuscht hatte. Nova, der sonst normalerweise Feuer und Flamme ist, wenn er duschen darf, führte sich an diesem Tag auf wie ein Monster. Und wäre ich schon im Kurs gewesen, bevor das geschah, hätte ich seine Signale ja selbst viel besser deuten können. Heute verstehe ich mehr. Ich bin viel offener dafür geworden, was Pferde meinen und denken. Mein Leben mit den Tieren hat sich verändert und ich kann mich in ihr Leben viel besser einfühlen. Carola sei DANK.

Ich übe die Kommunikation immer noch, manchmal bin ich blockiert, aber das ist mein eigener Fehler, dann will ich zu viel.

Mit meinen eigenen Pferden spreche ich nicht auf diese Weise, da ist das Gefühl dafür, was gut ist oder schlecht, so stark geworden, es hat richtig überhand genommen und kommt ganz direkt."

## Reitausbildung von Trabern

Carola Lind arbeitet aktiv mit Trabern, solchen, die aus verschiedenen Gründen nicht länger für die Rennbahn taugen, nicht mehr gewinnträchtig laufen oder als Zwölfjährige in Schweden nicht mehr starten dürfen. Sie nimmt sie auf ihrem kleinen Hof in Tollarp, nicht weit von Kristianstad, auf und päppelt sie wieder auf. Sie „sozialisiert" sie, lässt sie aufatmen, verschnaufen, eine Auszeit nehmen vom Leben – ohne das an irgendwelche Forderungen oder Bedingungen zu knüpfen.

Ihr Trainingsschema hat sie zwar explizit für die Ausbildung von Trabern zu Reitpferden entwickelt, aber es kann ebenso gut eine Grundlage für Sie bilden, mit Ihrem eigenen Pferd – egal welches Geschlecht oder welche Rasse – ein bisschen Abwechslung in den bisherigen Reitalltag zu bringen. Vielleicht übernehmen Sie ja einfach Teile des Trainingsplans. Das Programm ist gut geeignet, Pferde anzureiten, in einer Rekonvaleszenzphase wieder mit der Arbeit zu beginnen – und vor allem sich gemeinsam in der Kunst des mentalen Reitens zu erproben und zu üben.

*„Die ersten vierzehn Tage lasse ich die Pferde vollkommen in Frieden. Sie sollen sich erst einmal eingewöhnen. Dann bekommen sie alle möglichen Behandlungen, abhängig davon, was anliegt. Sie bekommen exakt das Futter, das sie brauchen, die Hufpflege, die sie benötigen – und zum Schluss, wenn sie sich selbst wiedergefunden haben, dann, wenn sie zu einem gelassenen, freien Individuum geworden sind, mit neuem Mut zu glauben und zu vertrauen, dann finden wir für sie ein kompetentes Heim. Die neuen Eigentümer müssen ganz schönen Druck aushalten, bevor ich ein Pferd verkaufe. Sie müssen ehrliches Interesse zeigen und beweisen. Manchmal dürfen die Pferde bis zu zwei Monaten hier bleiben, bevor ich finde, dass Pferd oder neuer Besitzer füreinander reif sind. Diese Tiere sind keine Schnäppchen oder überhaupt irgendeine Ware. Sie haben es vorher schlimm genug gehabt. Das soll sich auf gar keinen Fall wiederholen. Dabei können die neuen Besitzer durchaus Menschen sein, die noch nicht so viel von Pferden verstehen. Was sie nicht wissen, dürfen sie gern hier lernen!*
*Wir treffen uns auch regelmäßig virtuell auf meinen Seiten im Internet und reden über Futter, Ausrüstung, Stallpflege, Pferdepflege, Putzen, Ausbildung u.v.m. Seien auch Sie dazu herzlich eingeladen!*
*(http://home.swipnet.se/Alternativstallet)*

Einen Traber zum Reitpferd auszubilden, das kann sehr vieles mit sich bringen: Es kann unter anderem schwierig, frustrierend, total hoffnungslos, vielleicht gar lebensgefährlich sein.

Warum?

Weil diese Pferderasse nicht dafür vorgesehen ist, geritten zu werden.

Oft haben Traber darüber hinaus von der Rennbahn Verspannungen mitgebracht, sowohl physisch als auch psychisch.

ABER!

Man kann, mit ziemlich viel Arbeit die Muskeln des Pferdes umformen, sodass sie einen Reiter tragen können und mit Leichtigkeit Bewegungen ausführen, genau wie jedes andere Reitpferd auch.

Es dauert etwa zwei Monate, bis man den Beginn einer Veränderung erahnen kann – bei kontinuierlicher Arbeit, wenn man alles richtig macht.

Was also ist die beste Art und Weise?

Die richtigen Muskeln sollen arbeiten, schon von Anfang an muss das Pferd lernen, seinen Körper richtig einzusetzen, um die Belastung korrekt zu verteilen: ein Bein in jeder Ecke, die Hinterhand unter sich, den Hals hoch, ein weicher, aber aktiver Rücken.

Was ist die richtige Form? Heutzutage geht es immer um Form bei Pferden. Viele glauben, es würde ausreichen, wenn das Pferd den Hals knickt, dass es dann ‚am Zügel geht'. Allein diesen Ausdruck halte ich für den schlimmsten, den es gibt. Rein bildmäßig soll das Pferd nicht ‚am Zügel gehen'. Klingt besser mit ‚in der richtigen Form'.

Was IST also Form?

Form ist alles. Das Pferd hat immer irgendeine Form.

Was ist die RICHTIGE Form?

Die richtige Form ist, wenn das Pferd so gut arbeitet, wie es eben kann – ausgehend von den Möglichkeiten, die seine Rasse mit sich bringt, seinem Alter, seiner Ausbildung, Physik, Mentalität und den übrigen Voraussetzungen.

Die richtige Form ist, wenn Sie als Reiter danach streben, das Pferd in seinem Körper dazu zu bekommen, hinterlastig, beweglich, feinfühlig, weich und ruhig zu werden.

Hat das Pferd, wo auch immer, eine Spannung im Körper, kann es sich nicht für längere Zeit in der richtigen Form bewegen.

*Schauen Sie mal nach rechts. Halten Sie den Kopf mindestens zehn
Minuten so. Sogar wenn Sie vom Computer aufstehen, Kaffee kochen,
auf die Toilette gehen. Testen Sie es mal!*
*Sie merken, dass Sie tatsächlich nicht mehr stabil stehen, mit dem Kopf
so schief. Und wenn wir jetzt noch einen Zwangsriemen anbringen würden, der Ihren Kopf auf diese Weise festhält! Was glauben Sie, wie sich
das anfühlen würde?*
*Darüber hinaus verlange ich dann aber auch noch, dass Sie den übrigen
Körper gymnastizieren sollen, und wenn Sie das nicht richtig machen,
kriegen Sie eins mit der Peitsche übergezogen. Wenn das Pferd auch nur
die geringsten Spannungen im Körper hat, fühlt es sich für es genau so
an.*

*Die richtige Form für einen Traber, der auf der Rennbahn startet, ist es,
mit erhobenem Kopf zu gehen. Man setzt einen Hilfszügel ein, der den
Kopf hochhält, damit das Pferd schneller läuft und nicht stolpert.*
*Wie fühlt sich das an, meinen Sie?*
*In meinen Augen ist das eine unnatürliche Haltung, aber mit dem rich-
tigen Training, wenn das Jungpferd sich langsam, aber sicher aufbauen
kann, wird die Unterlinie gestärkt und das Pferd hat damit keine Probleme. Doch genausooft wird das Pferd übertrainiert und ist nicht reif genug
für diese Position.*

*Die gleiche Sache ist es mit unseren Reitpferden.*
*Sie sind nicht reif genug, in der Balance zu gehen, die wir als Reiter ver-
langen, bevor sie nicht ganz ausgewachsen sind.*
*Man muss individuell jedes Pferd ansehen, um die Voraussetzungen zu
erkennen und das Ziel danach zu richten.*
*Die richtige Form für einen Dreijährigen ist NICHT die untergesetzte
Hinterhand und hohe Aufrichtung.*
*Die richtige Form ist in dem Fall ein losgelassenes, frohes Pferd, das den
Rücken hergeben kann und den Weg nach unten sucht.*
*Wenn man bei einem unreifen Pferd Ausbindezügel einsetzt, bedeutet
das genau genommen, sich selbst entgegenzuarbeiten. Ein Pferd auf diese
Weise körperlich harmonisch zu bekommen ist fast ausgeschlossen.*

Ich schreibe ‚fast', weil es tatsächlich kaum Profis gibt, die exakt wissen, was sie tun.

So. Sie haben also einen Traber, da fang ich doch mal damit an, zu raten, was so Ihre verschiedenen kleinen Probleme sind.

• Das Pferd tut sich schwer im Linksgalopp.
• Es schlägt mit dem Kopf.
• Es knirscht mit den Zähnen.
• Fühlt sich an, als ob das Pferd ständig Muskelkater hätte.
• Das Pferd macht mit einem der Hinterbeine kürzere Schritte.
• Es hat Rückenschmerzen.
• Es ist sofort gestresst, wenn Sie etwas von ihm wollen.
• Es haut ab in vollem Renntrab.
• Das Pferd hat Schmerzen hinter den Ohren, große Knoten, Wülste, die hart und empfindlich sind.

### Hier mein Vorschlag für ein Trainingsschema:

Wenn Sie sich für Ihr Pferd entscheiden, auf es setzen wollen, versuchen Sie dem Plan, so gut Sie können, zu folgen. Machen Sie die Arbeit nicht halbherzig. Das haben weder Sie noch das Pferd verdient.

Ich werde im Folgenden sehr detailliert beschreiben, wie lange Sie reiten sollen. Beginnen Sie aber immer mit zwanzig Minuten Schritt. Immer! Um die Gelenke des Pferdes zu schmieren.

Also, wenn ich schreibe: dreißig Minuten reiten, bedeutet das, Sie sollen zusammen genommen fünfzig Minuten reiten.

### Erste und zweite Woche:

Holen Sie einen Equitherapeuten, Pferdezahnarzt und Masseur.
Folgen Sie deren Instruktionen.
Meist handelt es sich dabei um Schrittreiten am langen Zügel, auf gerader Bahn, nach den Behandlungen.

### Dritte Woche:

Erneuter Besuch vom Masseur.
Notieren Sie alles und passen Sie gut auf, wie der Masseur vorgeht. Sie können auf die Art vieles auch selber (nach)machen!

*Seien Sie schlau und fragen Sie nach Dingen, die man absolut nie machen darf, wenn man ein Pferd massiert – dann können Sie auf keinen Fall etwas falsch machen!*

*Arbeiten Sie weiter im Schritt auf gerader Bahn, lassen Sie das Pferd bergauf gehen, klettern, wenn Sie die Möglichkeit dazu haben.*
*Reiten Sie mindestens fünfundvierzig Minuten täglich. Immer noch Schritt, am langen Zügel. Sie dürfen Kontakt zum Pferdemaul aufnehmen, aber nicht draufsitzen und (fest)halten.*

### Vierte Woche:

*Tag eins:*
*Beginnen Sie die Arbeit auf dem Zirkel.*
*Im Schritt!*
*Machen Sie viermal Halt pro Runde. Wechseln Sie ab und zu die Hand. Halten Sie an, indem Sie das Pferd bereits zehn Meter vor dem Stopp darauf vorbereiten. Zeigen Sie ihm, wie es aussehen soll, wenn es zum Stehen kommt, indem Sie ihm ein Bild davon zeigen. Stellen Sie sich vor, wie es aussehen soll, wenn das Pferd anhält, wie es sich anfühlen soll. Bestimmen Sie exakt den Punkt, wo das Pferd anhalten soll. Also, zehn Meter vor dem Halt bereiten Sie es darauf vor – so wie Sie es mit der Visualisierung gelernt haben. Dann setzen Sie sich rein, nehmen ein klitzekleines bisschen die Zügel an und sagen: ‚Stopp‘. Natürlich nehmen Sie den äußeren Zügel ein wenig mehr an (= Anlehnung des Pferdes). Tun Sie dies viermal pro Runde. Reiten Sie etwa dreißig Minuten lang. Steigen Sie ab und lassen Sie das Pferd ausschreiten, indem Sie es über Stangen gehen lassen, es darüber rückwärts richten, zurückgehen, eine Runde gehen, halten, das Pferd wenden, es Ihren Körperbewegungen folgen lassen. Lassen Sie es sich nur in die Richtung bewegen, die Sie vorgeben. Nur das Bein bewegen, von dem Sie wollen, dass Ihr Pferd es bewegt. Üben Sie auf diese Weise etwa zehn Minuten lang.*

*Tag zwei:*
*Reiten Sie ganze Bahn. Traben Sie, halten Sie an, gehen Sie Schritt. Trab, Halt, Schritt … Tempowechsel.*

Auch hier wieder: Zeigen Sie dem Pferd, wie die Übergänge aussehen sollen. Übermitteln Sie ihm ein Bild davon, wie es aussehen soll, stellen Sie sich vor, wie es sich anfühlt, wenn Ihr Pferd den Übergang macht, exakt wo es den Tempowechsel vornehmen soll. Also zehn Meter bevor es geschieht, bereiten Sie das Pferd mental darauf vor.

Es gilt viel im Kopf zu behalten, aber es ist nicht so schwierig, wie es klingt. Sie wissen ja, wie es in den Übergängen aussehen und sich anfühlen soll. Halten Sie dieses Bild in Ihrem Kopf, und das Pferd wird es aufschnappen.

Nehmen Sie die Zügel nicht an, halten Sie einen weichen Kontakt mit dem Pferdemaul, aber ziehen Sie nicht, rucken Sie nicht, werden Sie nicht laut.

Wenn das Pferd Sie nicht versteht, fangen Sie einfach geduldig noch einmal von vorn an.

Tag drei:
Nur Bodenarbeit. Spielen Sie! Tollen Sie miteinander herum! Halten Sie das Pferd an der Longe. Lassen Sie es Ihnen folgen. Wenn Sie stehen bleiben, soll auch das Pferd stehen bleiben, wenn Sie abbiegen, soll es mit abbiegen. Wenn es nicht gehorcht, Rückwärtsrichten!
Seien Sie direkt in Ihren Bewegungen, werden Sie Pferd!
Sie sind sein Leittier und sollten sich wie eines benehmen.
Spielen Sie, so lange Sie können, seien Sie draußen in der Natur.

Tag vier:
Auf dem Zirkel geritten. Dieselbe Sache wieder: vier Halts pro Runde.
Machen Sie es exakt so wie an Tag eins.
Konzentrieren Sie sich! Lassen Sie niemand anderen Ihre Arbeit stören.

Tag fünf:
Galopp auf gerader Bahn.
Sie können sich dazu alternativ gern einen geraden, weichen Weg im Gelände auswählen. Wechseln Sie ab zwischen Galopp und Schritt.
Reiten Sie ganz geradeaus.
Machen Sie einen Sekundenhalt zwischen den Wechseln.

*Zeigen Sie dem Pferd, was es tun soll – zeigen Sie ihm das Bild, das Sie davon haben. Stellen Sie sich vor, wie es aussehen soll.*
*Wenn Ihr Pferd keinen Galopp hat, wechseln Sie stattdessen zwischen Schritt und Trab. Üben Sie keinen Druck aus, indem Sie versuchen zu galoppieren, wenn Sie diese Gangart nicht schon konsolidiert haben.*
*Reiten Sie dreißig Minuten lang.*

*Tag sechs:*
*Eine lange, herrliche Runde im Schritt bei ganz langen, wenn möglich hingegebenen Zügeln. TRABEN SIE NICHT!*

*Tag sieben:*
*Dasselbe wie Tag drei!*
*Spielen und tollen Sie herum.*

**Fünfte Woche:**

*Zirkelarbeit.*
*Jede zweite Runde abwechselnd traben beziehungsweise Schritt reiten.*
*Vier Halts pro Runde.*
*Weiche Halts, halten Sie die Anlehnung am äußeren Zügel, ohne dass Sie das Pferd damit im Maul mehr begrenzen als mit einem leichten Druck, stellen Sie das Pferd ein wenig nach innen, biegen Sie es weich mit dem inneren Schenkel. Arbeiten Sie mit Ihren Gedanken, zeigen Sie ihm, was Sie von ihm wollen. Bereiten Sie das Pferd, zehn Meter bevor Sie anhalten wollen, darauf vor. Verweilen Sie nicht im Halt. Wenn das Pferd den Halt perfekt gemacht hat, lassen Sie es weitergehen. Aber wann Sie es wollen!*
*Vergessen Sie die Halts nicht! Sie sind der Schlüssel dazu, Ihr Pferd gehorsam zu machen!*
*Springen Sie ab und führen Sie das Pferd im Schritt über Bodenstangen, vor und zurück, in der Volte usw.*
*Reiten Sie vierzig Minuten lang.*

*Tag zwei bis sieben:*
*Spielen Sie viel!*

*Gehen Sie raus in die Natur und galoppieren Sie, traben Sie, spielen Sie. Arbeiten Sie im Gelände mit den Halteübungen. Sagen Sie ‚Stopp‘. Bleiben Sie ruhig. Atmen Sie tief, ziehen Sie nicht an den Zügeln.*

*Das Pferd sollte jetzt gehorsam auf Ihre Gedankenbilder und Ihre Sitzhilfen reagieren. Reiten Sie um Bäume herum, haben Sie Spaß miteinander! Klettern Sie, reiten Sie bergauf, wenn Sie können.*

*Arbeiten Sie auf diese Weise jeden zweiten Tag, spielen Sie die übrigen Tage vom Boden aus.*

## Sechste Woche:

*Erneuter Besuch von Equitherapeut und Masseur.*

*Arbeiten Sie ansonsten wie in der vierten Woche.*

## Siebte Woche:

*Mit dem Zirkel klappt es jetzt. Der Halt funktioniert.*

*Das Pferd hört zu und gehorcht.*

*Arbeiten Sie nun auf die gleiche Art weiter, aber bei jedem Halten steuern Sie das innere Hinterbein so, dass es im Halt als Letztes zum Stehen kommt. Das machen Sie teilweise über Ihr Bild im Kopf – davon also, was das Pferd ausführen soll – und dazu über den Einsatz von innerem Schenkel und äußerem Zügel.*

*Ihr innerer Schenkel arbeitet mit dem äußeren Zügel zusammen, und indem Sie mit dem inneren Schenkel ein bisschen mehr drücken und den äußeren Zügel etwas höher nehmen, setzt das Pferd sein Hinterbein unter. Lassen Sie es einen Augenblick stehen und sich dehnen. Etwa sieben Sekunden.*

*Das Gleiche gilt, wenn Sie aus dem Halt anreiten. Das äußere Hinterbein ist das erste Bein, das sich bewegen soll. Darum drücken Sie etwas mehr mit dem äußeren Schenkel, nehmen gleichzeitig den inneren Zügel etwas auf und erreichen so eine Bewegung des äußeren Hinterbeins.*

*Es geschieht leicht, dass man dabei selbst hinter der Bewegung zurückbleibt, sodass man mit einem Ruck wieder zum Halten kommt. Sie müssen das Zusammenspiel finden, die Zügel nachgeben, dem Pferd mit dem Bild im Kopf zeigen, dass es vorwärts gehen soll. Denken Sie vorwärts und gehen Sie vorwärts!*

*Sie sollten dabei zu Beginn vorsichtig üben. Muskelkater entsteht leicht, und denken Sie daran, immer ebenso viele Runden in beiden Richtungen zu reiten.*

*Wenn Sie das Gefühl haben, dass dieses Grundtraining sitzt, dass der Halt perfekt klappt, sogar mit den Hinterbeinen, können Sie mit derselben Aufgabenstellung zur Trabarbeit übergehen.*
*Arbeiten Sie das Pferd nie mehr als jeden zweiten Tag mit solch anstrengenden Sachen. Spielen Sie und gönnen Sie sich Spaß!*

### Den Galopp konsolidieren

*Ein Traber kann nicht galoppieren.*
*Ach so?*
*Oh doch! Alle Pferde können das!*
*Aber nicht alle sind dazu geboren.*

*Hier folgen einige Tipps:*
*Wenn Sie das vorige Trainingsprogramm bereits absolviert haben, dann haben Sie schon einmal eine ziemlich gute Voraussetzung. Wenn Sie es nicht gemacht haben, rate ich Ihnen eben jetzt, es nachzuholen.*

*Bevor Sie an Galopp mit Ihrem Pferd auch nur denken, muss es von einem Equitherapeuten oder Chiropraktiker behandelt worden sein. Verspannungen und Schiefheiten machen es Ihrem Pferd nicht leichter, zu arbeiten. Davon abhängig, was im Stammbaum Ihres Trabers eingemischt ist, kann das entscheidend dafür sein, welche Form das Pferd in seinem Galopp bekommt. Einige Linien kommen mehr vom Vollblut, andere von schwereren Pferden. Die französischen Pferde pflegen sehr hochblütig zu sein und sind oft klein und kompakt. Hier haben Sie bessere Voraussetzungen.*
*Amerikanische Traber sind manchmal stämmiger, haben größere Köpfe, einen längeren Rücken und sind ansonsten ziemlich unproportioniert. Ich sage nun nicht, dass das immer so ist – aber ziemlich häufig.*

*Sie können das Pferd also zum Galopp bringen, aber vielleicht nicht ganz taktrein. Ich gehe davon aus, dass Sie ein wenig geübt haben und ein gut durchgearbeitetes und gehorsames Pferd haben.*

*Achten Sie darauf, das Pferd NIEMALS losjagen zu lassen.*

*Alles soll ruhig und geschmeidig geschehen.*

*Ich will Sie noch einmal daran erinnern, dass Sie Ihrem Pferd durch Gedankenübertragung zeigen sollen, was es für Sie ausführen soll.*

### Erster Tipp:

*In einer eingezäunten Reitbahn. Rechte Hand. Sitzen Sie einen ruhigen Trab aus. Weicher Kontakt zum Pferdemaul.*

*Zehn Meter vor der Ecke bereiten Sie das Pferd darauf vor, was es tun soll. In der Ecke stellen Sie es einen Tick nach außen (so wird es leichter anspringen) und drücken mit dem Galoppschenkel. Gleichzeitig nehmen Sie beide Zügel eine Winzigkeit an und sagen: ‚Galopp!‘ Wenn das Pferd es schafft, machen Sie, wonach Sie auch streben: Loben Sie direkt. Und an der nächsten Ecke versuchen Sie dasselbe noch einmal.*

*Was geschieht, ist, dass das Pferd ein wenig freier in der Linksbiegung wird und sich mit links vorn ‚bedienen kann‘.*

*Machen Sie keine halben Sachen. Wenn ein Fehler geschieht, halten Sie direkt an. Sammeln Sie sich. Sammeln Sie Ihre Gedanken und gleich noch mal. Ruhiger Trab und deutliche Signale.*

*Sobald das Pferd einen reinen Galoppsprung macht, lassen Sie es ein paar Schritte weitergehen.*

### Zweiter Tipp:

*Ein ordentlicher Hügel ist am besten. Lassen Sie das Pferd hangaufwärts antraben, geben Sie eine deutliche Galopphilfe mit dem Schenkel und sagen Sie: ‚Galopp!‘*

*Wenn das Pferd einen reinen Galoppsprung macht und richtig angaloppiert, lassen Sie es weitergaloppieren, aber in gemäßigtem Tempo.*

*Wenn es Ihnen nicht gelingt, halten Sie an, beginnen Sie wieder im Trab und machen Sie das Ganze noch einmal.*

*Alles ruhig und methodisch.*

*Stürmen Sie niemals los.*

*Reiten Sie nicht hinter Ihren Kumpels als Zugnummer her. Ganz falsch. Das Einzige, was Sie damit erreichen, ist, den Wettbewerbsinstinkt aufzuwecken und das Pferd zu stressen.*
*Schlagen Sie niemals mit der Gerte zu.*
*Verstehen Sie: Es ist nicht das Pferd, das einen Fehler macht, sondern SIE!*

*Wenn der Galopp so einigermaßen funktioniert, sodass Sie mit dem Traber in der Volte arbeiten können, machen Sie Halteübungen, um die Hinterhand weiter zu stärken.*
*Beginnen Sie erst nach etwa vier Monaten Training mit dieser Übung. Dann kann das Pferd reif genug sein für diese Aufgabe – wenn es bei keiner der anderen Übungen Rückschritte macht. Falls dies der Fall sein sollte, fangen Sie bitte immer wieder von vorn an.*

*Als natürlichen Bestandteil der Pferdepflege unterstreiche ich nachdrücklich: Wenden Sie sich mindestens alle zwei Monate an einen Masseur und mindestens einmal alle vier Monate an einen Equitherapeuten/ Chiropraktiker.*
*Dazwischen können Sie Ihr Pferd ruhig JEDEN TAG selbst stretchen und massieren. Nach der Arbeit."*

## Pferdemassage für den Hausgebrauch

Massage ist für Carola Lind wesentlicher Routinebestandteil der alltäglichen, ganzheitlichen Pferdepflege. Der körperliche Check steht für sie am Beginn jeder Begegnung mit einem vierbeinigen Klienten. Fragen auch Sie Ihr Pferd täglich, wie es ihm geht, wo etwas drückt – und wenden Sie selbst Massage und Stretching ein- bis dreimal wöchentlich an. Massage am und mit dem Pferd kann Ihnen helfen, die Beziehung, die Bindung zu Ihrem Pferd weiter zu vertiefen – und ist gleichzeitig ein wunderbares Übungsfeld, Ihre telepathischen Fortschritte zu überprüfen und zu trainieren. Wir möchten Sie mit diesem Kapitel ermuntern, es nach jeder Menge

Fakten und Theorie selbst auszuprobieren. Entwickeln Sie ein bisschen Fingerspitzengefühl, trauen Sie sich, üben Sie. Nehmen Sie Technik und Intensität der Massagehandgriffe sowie die Reihenfolge in steter Zwiesprache – in Kommunikation mit Ihrem Pferd vor. Daher reicht es unserer Meinung nach nicht, an dieser Stelle einfach auf die zahlreich erschienenen Massagefachbücher zu verweisen. Wenn Sie tiefer einsteigen möchten, finden Sie dort und in entsprechenden Seminaren reichlich Anleitung. Hier wollen wir Ihnen einige grundlegende Kenntnisse vermitteln, die für den Hausgebrauch und zum Einsteigen genügen – und welche die mentale Kommunikation mit dem Pferd mit einbeziehen.

Noch ein Tipp: Nehmen Sie sich am besten vorher ein gutes Anatomiebuch, damit Sie wissen, wo was hingehört und dass es sich womöglich genauso anfühlen muss, wie es das tatsächlich tut! Nicht dass Sie am Ende in der irrigen Annahme, Muskelknötchen wegmassieren zu wollen, auf Knochen Ihres Pferdes herumdrücken!

*„Warum soll man eigentlich überhaupt massieren?*
*Nun, was machen Sie, wenn Sie sich irgendwo anstoßen?*
*Auf die betroffene Stellen drücken. Akupressur. Massieren.*
*Was geschieht dabei?*
*Die Massage stimuliert das Abwehrsystem des Körpers, das heißt, Endorphine werden freigesetzt, die körpereigenen Schmerzmittel.*
*Massage unterstützt die Ausscheidung von Schlackeprodukten aus dem Körper. Massage fördert die Blutzirkulation im Körper.*
*Massage ist sozialförderlich und wunderbar wohltuend bei nahestehenden Menschen oder Tieren.*
*Für Ihren Hausgebrauch als Pferdebesitzer haben wir die Beschreibungen sehr vereinfacht, sodass Sie leicht nachvollziehbare Anleitungen, Tipps und Methoden zur Verfügung haben, um Ihr Pferd im Alltag weich und geschmeidig halten zu können.*
*Um zu massieren, muss man kein Profi sein, aber man wird richtig gut, je mehr man übt. Und je mehr man übt, desto mehr lernt man über die Anatomie des Pferdes. Sie lernen Ihren Gefährten von einer viel tieferen Warte her kennen, Sie bekommen ganz neue Einsichten über Ihr Pferd.*

*Massage ist fast ebenso alt wie die Menschheit. Sie verleiht mehr Elasti-
zität und erweitert das Bewegungsvermögen.*

*Es gibt viele verschiedene Anlässe, warum man massieren sollte, und es
gibt Gründe, wann man es mitunter nicht darf, weil die Stimulation
dann eine gegenteilige Wirkung mit sich bringen könnte. Nicht massieren
sollten Sie bei:*

- *trächtigen Stuten (Gefahr vorzeitiger Wehentätigkeit),*
- *fiebrigen Erkrankungen (Infektion wird im Körper verteilt),*
- *akuten Brüchen (das heißt: wenn es gerade eben passiert ist,*
- *Blutgerinnseln (Thromboserisiko),*
- *Tumoren (v. a. bei Melanomen beim Schimmel gilt: die Umgebung in
Ruhe lassen!),*
- *Nierenkrankheit.*
- *Oder generell: wenn das Pferd sich so verhält, dass Sie unsicher werden.
Kontakten Sie immer den Tierarzt und bitten Sie ihn um Rat!*

### Wie soll sich ein Muskel anfühlen?

*Ein gesunder Muskel ist glatt, schwabbelt in entspanntem Zustand und
ist nicht schmerzempfindlich.*

*Wie soll es nicht sein?*
*Muskeln sind von Bindegewebe umgeben. Dies trägt dazu bei, dass die
Muskeln gleiten und sich leicht miteinander bewegen können.*
*Wenn der Muskel gestresst wird, kann ein Krampf entstehen und die
Fasern ziehen sich zusammen. Wir merken das an der Bewegung des
Pferdes.*
*Solche Verspannungen können sich ausbreiten und Schlackeprodukte
können plötzlich nicht mehr abtransportiert werden.*

### Kleine Übersicht zu Anatomie und Körperfunktionen

*Das Skelett des Pferdes besteht aus 200 Knochen. Das Pferd hat drei ver-
schiedene Muskelgruppen: die Skelettmuskulatur, die glatte Muskulatur
und die Herzmuskulatur.*

*Die Skelettmuskeln sind es, die man willentlich bewegen kann.*

*Sehnen verbinden die Muskeln mit den Knochen. Glatte Muskulatur finden wir in und rund um die inneren Organe herum, die Herzmuskulatur rund ums Herz. Die Knochenhaut ist eine starke, schmerzempfindliche und reich von Nerven durchzogene Membran, über die Knochen und Sehne quasi an den Muskel geklebt sind. Sie versorgt den Knochen mit Nahrung. Die Nährstoffe spielen beispielsweise bei der Wundheilung (Brüche) eine Rolle.*

*Das Lymphsystem besteht aus der Lymphe, die in den Lymphgefäßen und im Gewebe des ganzen Körpers vorhanden ist. Die Lymphflüssigkeit wird in die Lymphknoten transportiert. Gesteuert wird das Lymphsystem durch die zusammenziehende Wirkung der Muskeln. Sie ermöglichen das Vorwärtskommen der Lymphflüssigkeit.*

*Wenn wir massieren, unterstützen wir dabei diesen Abtransport der Lymphflüssigkeit. Das heißt, wir können ganz gezielt um die Lymphknoten herum massieren, um den Entschlackungsprozess zu fördern. Die wichtigsten Lymphknoten sitzen etwa auf Augenhöhe hinter den Ganaschen, am Unterkiefer mittig zwischen Kinngrube und Ganasche, im Kehlgang, Bug, vor dem Schultergelenk und etwas oberhalb des Ellbogenhöckers an der Vorhand, in Höhe der Kniescheibe an der Beinaußenseite, im Schenkelspalt und in der Mitte zwischen Hüfthöcker und Kniescheibe.*

## Massagegriffe

*Man beginnt und endet immer mit sanft streichenden Händen und fließenden Bewegungen. Manchmal genügt es schon, die Hand über verspannten, härteren Stressmuskelpartien einfach einen Moment still zu halten, damit der Muskel sich lockert.*

*Das Pferd entspannt sich und beginnt Vertrauen zu fassen. Wenn es Schmerzen hat, beginnen diese nachzulassen. Der Reinigungs- und Entschlackungsprozess im Körper beginnt, sobald Sie anfangen.*

*Während Sie über das Pferd streichen, legen Sie Ihre Aufmerksamkeit auf die Stellen im Körper, wo die härtesten Punkte sind, auf Muskelknoten unterschiedlicher Art.*

*Notieren Sie sich am besten, wo Sie diese Stellen bemerkt haben, damit Sie später keine vergessen.*

Streichen Sie rhythmisch in Ihrem eigenen Takt über das Ganze Pferd in Richtung der Pfeile, wie Sie auf der Abbildung auf S. 131 eingezeichnet sind. Beginnen Sie im Genick und an der Kehle. Führen Sie Ihre Hände in Richtung Schulter und Bug (m. bracchio cephalius, Nackenband, m. trapecius, m. bizeps bracchii), hinter dem Vorderbein in Richtung Gurtlage (m. triceps bracchii). Unter dem Bauch (m. pectoralius ascendens, m. obliquus externus abdomis) vorsichtig mit dem Uhrzeigersinn kreisen. Entlang der Wirbelsäule (niemals auf den Wirbeln!) (longissimus, gluteus-Gruppe) abwärts über die Kruppe Richtung Flanke (m. vastus lateralis, m. gastrocnemius). Die Nierengegend bitte aussparen. Die Pferdebeine werden grundsätzlich aufwärts, niemals abwärts streifend massiert. Blutzirkulation und Lymphfluss sollen ja angeregt werden, Giftstoffe und Schlacken über den Körper abzutransportieren und auszuscheiden – und sie nicht in Hufen oder Fesseln zu deponieren, wie es geschehen könnte, würde man abwärts streifend massieren.

Arbeiten Sie sich immer von vorn nach hinten am Pferd durch, wechseln Sie sukzessive die Seiten. Lieber nur beide Halsseiten und den Bug massieren als bloß eine Seite des Pferdes „komplett".

Zeigt das Pferd deutlich Unbehagen, wenn Sie nach diesem Schema bei der Massage vorgehen oder wenn es sich für Sie selbst falsch anfühlt, ändern Sie die Richtung oder Vorgehensweise so, dass es sich für Sie beide gut anfühlt. Vertrauen Sie Ihrem Gefühl. Fragen Sie das Pferd, ob es ihm gut tut, so wie Sie es machen! Sie können es ja!

### Kompression – Massage mit Druck

Dies ist der zweite Schritt. Mit Druck erreicht man tiefere Schichten des Muskelgewebes. Halten Sie die Hand in erster Linie so, dass es für Sie bequem ist und Ihnen nicht wehtut. Als Faust oder halb offen. Tasten Sie sich vorwärts. Kompression mindert den Schmerz. Darum drücken Sie automatisch gegen, wenn Sie sich gestoßen haben.

Das vermindert Blutansammlungen im Muskel, steigert die Durchblutung und dehnt die Muskelfasern genau an der Stelle, wo Sie drücken.

Mit Kompression kommen Sie ganz tief hinunter, seien Sie darum sehr vorsichtig. Denn Sie können die empfindlichen Fasern leicht schädigen, wenn Sie den Muskel zu sehr bearbeiten.

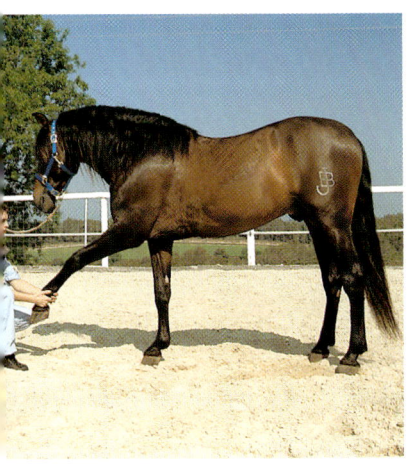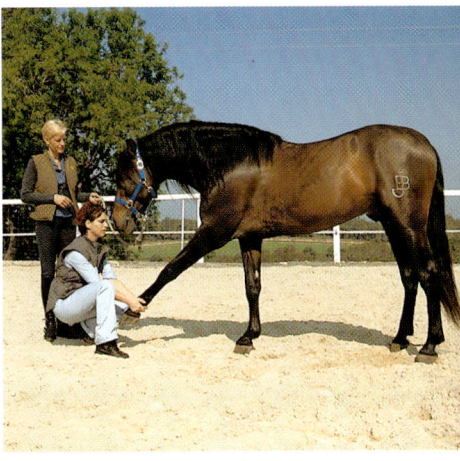

Behutsam und langsam wird das Vorderbein in die Dehnung geführt. Sie fördert Schulterfreiheit und freiere Bewegungen. Wenn das Pferd sein Vorderbein in der neuen Position ausgestreckt hat, lässt man es vorsichtig abfußen.

Alle Dehnungsbewegungen geschehen grundsätzlich nie gegen den Widerstand des Pferdes. Das Stretching des Hinterbeins in Richtung Vorhand dient vor allem den oft vernachlässigten Knien des Pferdes. Aber auch Hüftmuskulatur, Rücken und Kruppe werden positiv beeinflusst.

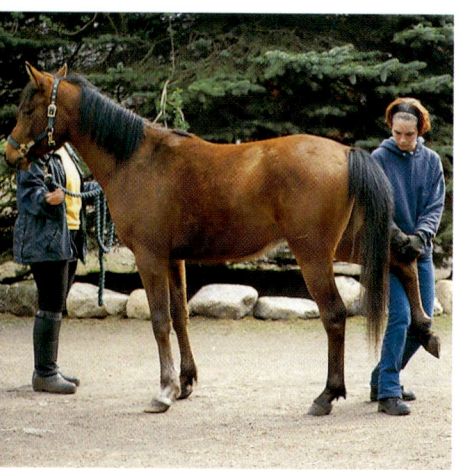 

Auch die Dehnungsbewegung nach hinten abwärts sollte man nur nach genauer Anleitung ausführen. Arbeiten Sie nie am unaufgewärmten Pferd und fordern Sie niemals mehr Bewegung, als das Pferd freiwillig mitmacht.

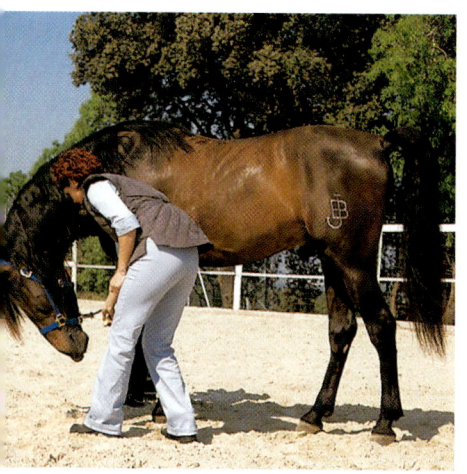 

Ein Stretching des Nackenbandes abwärts gelingt am leichtesten, wenn man das Pferd mit einem Leckerbissen lockt. Wichtig ist, dass es den Kopf gerade hält und nicht verdreht. Auch Seitwärtsdehnungen machen die meisten Pferde spielend mit, wenn man sie mit Apfel oder Rübe herumlockt. Achtung: Das Pferd soll dabei stehen und wirklich nur den Hals biegen!

Massage breitet die Muskelfasern aus und vermindert das Risiko, dass sie zusammenkleben.

### Hackende/trommelnde Massage

Diese Form ist eine aufmunternde Massage. Die trommelnde Massage sollte nicht zusammen mit der entspannenden Massage angewendet werden. Sie wirkt sich vorteilhaft bei Pferden aus, die sehr sensibel für Berührungen sind. Denn das Pferd stumpft dadurch ab – man kann nach so einem Durchgang mit kräftigeren Griffen weitermachen. Gehen Sie dabei trotzdem vorsichtig zu Werke: Es dient nur dazu, das Pferd dafür empfänglich zu machen.

Körperteile, die Sie niemals mit hackenden/trommelnden Bewegungen bearbeiten dürfen: Bauch, über den Nieren, Rückgrat, Hüften, Beine unterhalb des Vorderfußwurzelgelenks (vorne) bzw. unter dem Sprunggelenk (hinten).

### Pressend

Jetzt kommen Ihre Notizen zum Einsatz! Wo haben Sie Stellen am Pferd mit Muskelknötchen oder Knubbeln bemerkt? Achten Sie darauf, dass Sie keinesfalls einen Muskelknoten mit einem verkapselten Knochenstückchen, einem Tumor (Melanome, so genannter „Schimmelkrebs") o. ä. verwechseln!

Gehen Sie die Knötchen der Reihe nach durch. Setzen Sie den Mittelfinger über den Zeigefinger. Pressen Sie direkt auf den Knubbel – achten Sie unbedingt darauf, dass Sie nicht abrutschen. Und drücken Sie mit all Ihrer Kraft, etwa dreißig Sekunden lang.

Lassen Sie locker, zählen Sie wieder bis dreißig und wiederholen Sie das Ganze. Dreimal.

Gehen Sie auf diese Weise die Knötchen am ganzen Körper durch. Spüren Sie, wie sie danach locker werden. Streichen Sie nach dem Druck sanft über die Muskelumgebung.

Stellen, an denen Sie keinen pressenden Druck ausüben dürfen:

Bauch, über den Nieren, am vorspringenden Skelett, am Kopf, an den Vorderbeinen unterhalb des Vorderfußwurzelgelenks, hinten unterhalb des Sprunggelenks.

### *Worauf Sie achten sollten*

*Geben Sie keine aufmunternde Massage vor der Fütterung (v. a. abends). Geben Sie keine entspannende Massage vor einer anstrengenden Aktivität. Machen Sie nicht zu viel und nicht zu wenig, übertreiben Sie keine Bewegungen, hören Sie auf das Pferd! Seien Sie vorsichtig, wenn das Pferd Schmerzen hat!*

*Massieren Sie nicht entgegen der Wuchsrichtung der Haare (Wirbel gelten nicht).*

*Massieren Sie NIE in der Nierengegend.*

*Massieren Sie immer in Aufwärtsrichtung an den Beinen.*

*Abschließend sei noch einmal betont: Verlassen Sie sich auf Ihr Gefühl. Setzen Sie sich keinen Situationen aus, wo Sie durch das Pferd in Bedrängnis geraten könnten. Arbeiten Sie nicht allein mit einem unbekannten Pferd. Wenn Sie zu klein sind und deswegen nicht richtig beikommen, verschaffen Sie sich soliden Halt, benutzen Sie einen Hocker oder Strohballen. Ziehen Sie sich vernünftig an, einen dicken Pulli, auch wenn es warm ist. Denken Sie ans Beißrisiko!*

*Wir kratzen mit diesem kleinen Ausflug in die Pferdemassage nur an der Oberfläche. Wenn Sie mehr wissen wollen oder sogar beginnen wollen, als Masseur zu arbeiten – ich kann es Ihnen nur empfehlen. Aber so eine Ausbildung ist lang: Rom wurde nicht an einem Tag erbaut!"*

## Stretching

Den Begriff Stretching kennen Sie vielleicht aus dem Sport. Er hat sich für Dehnübungen eingebürgert, die man meist beim Aufwärmtraining während der Gymnastik ausführt – aber auch Fußballer kennen sie zur Genüge.

Carola Lind hat den Begriff entlehnt für spezielle physiotherapeutische Dehn- und Streckübungen, mit denen sie die Muskeln und den Bewegungsapparat des Pferdes gymnastiziert und dadurch Rücken- oder Knieprobleme lindert oder sogar auf Anhieb löst. Wenn Sie sich dafür entscheiden, einen Physiotherapeuten für Ihr

Pferd zu konsultieren, prüfen Sie ihn genau! Ich habe sogar die Erfahrung gemacht: Je teurer, desto unseriöser. Es tummeln sich leider viele Hobbyeinrenker und Kurpfuscher auf dem Markt. Fragen Sie nach der Vorbildung, nach Ausbildungswerdegang, nach Referenzen. Mundpropaganda ist viel wert! Ich habe mehr Vertrauen zu jemandem, der eine solide Ausbildung als Krankengymnast für Menschen hinter sich hat, als zu jemandem, der mit ungeschützten Begriffen als Berufsbezeichnung jongliert.

In der Regel arbeitet Carola so, dass sie sich das entsprechende Pferd je nach physischem Problem an der Longe oder auf der Stallgasse vorführen lässt. Mit Kennerblick checkt sie sekundenschnell die Schwachstellen des Pferdes ab und rückt dem körperlichen Problem am aufgewärmten(!) Pferd mit Massage und Stretching zu Leibe. Dabei hilft sie dem Tier, sich in verschiedene Richtungen zu dehnen. Sie führt die Beine vorwärts-abwärts, nach hinten-abwärts, hintenhoch, schräg zur Seite. So rückt sie verschobene Bänder, Sehnen, verspannte Muskeln, blockierte Wirbel und Gelenke zurecht. Das heißt, indem sie die Muskeln „stretcht", kommen die Wirbel wieder in die richtige Lage. Manchmal geht das auf Anhieb, manchmal braucht es mehrere Sitzungen. Nach ihren Erfahrungen gibt es bei über neunzig Prozent der Pferde Fehlstellungen des Beckens. Hüftknochen bzw. Kreuzbein-Darmbein-Gelenke sind dabei immer in Mitleidenschaft gezogen. Was zuerst da war – das Rückenproblem oder das Problem mit dem Becken –, kommt dabei Fachleuten zufolge der Frage nach Huhn oder Ei gleich. Viele unerkannte Rückenprobleme führen sogar erst zu einem „schiefen Becken". Um das auch als Laie zu erkennen, muss das Pferd die Hinterhand möglichst parallel auffußen. Dann wird die Schiefe sichtbar – manchmal nur horizontal oder vertikal, oft genug aber in beide Richtungen. *„Oft sind es mehrere Zentimeter, die nach und nach über Stretching und Massage korrigiert werden müssen. Den Effekt sieht man sofort. Die meisten Beinprobleme, nicht losgelassenes Gehen, Knieschäden, Lahmheiten sind oft Folge von nicht erkannten Rückenproblemen. Nach der Behandlung fußen Pferde oft von sich aus parallel auf. Dann weiß man, dass man alles richtig gemacht hat."*

Das Nackenband stellt die wichtigste Voraussetzung für die Reitbarkeit des Pferdes dar. Es zieht sich vom Hinterhauptsbein über den gesamten Kammbereich des Halses bis in den Rücken des Pferdes und gewährleistet statisch, dass ein Pferd seinen Reiter überhaupt tragen kann.

Carola meint außerdem einen Zusammenhang festgestellt zu haben zwischen Problemen mit den Kniebändern (Hinterhand) und dem weit verbreiteten Kopfschlagen.

Wenn Sie selbst Stretching bei Ihrem Pferd anwenden wollen, empfehlen wir Ihnen die folgenden Bewegungen. Sie sind nur ein kleiner Ausschnitt dessen, was man mit Dehnungen machen und bewirken kann. Für den Rest sollte man allerdings den Fachmann oder die Fachfrau (Equitherapeut, Chiropraktiker, Osteopath, Physiotherapeut) heranziehen oder zumindest einen wirklich guten Kurs unter fachkundiger Anleitung besucht haben. Über ein Buch lässt sich nur schwer vermitteln, wie sich gerade kompliziertere Bewegungsabläufe wirklich anfühlen müssen. Wenn Sie nun aber von Ihrem Pferd auf telepathischem Weg erfahren, wo es ein akutes oder chronisches Problem im Bewegungsapparat hat, wollen wir Sie ja nicht im Regen stehen lassen. So empfiehlt es Carola Lind:

*„Sie können Ihrem Pferd mehr schaden als nützen, wenn Sie den kleinsten Fehler machen. Am besten, Sie bitten beim ersten Mal einen Fachmann dazu, schauen sich ab, wie's gemacht wird und machen es unter seiner/ ihrer Anleitung nach.*

*Vergleichen Sie zu unseren Beschreibungen bitte auch die Fotos! Man dehnt und streckt Muskelgruppen, damit der Muskel nicht fest wird, das gilt für alle Muskeln gleichermaßen: Man will keine harten Knoten haben, sondern lange Fasern, schlanke, lang gezogene Muskeln, in diesem Zustand arbeiten sie auch am besten.*

*Durch Dehnung des Hinterbeins nach vorn beeinflusse ich die Kruppen- und Hüftmuskeln (Gluteus), Rücken, Kniebänder, und natürlich die Beinmuskeln. Das Pferd kann dadurch einen besseren Schub von der Hinterhand bekommen, eine bessere Hinterhandaktivität. Wenn Sie das Hinterbein nach vorn herausziehen (gerade in Richtung Vorderhuf), halten Sie es dabei an der Fesselbeuge. Lassen Sie das Pferd selbst das*

Bein strecken. Nehmen Sie die Mitte des Röhrbeins an der Vorderhand als Richtlinie, aber erlauben Sie dem Bein, sich Richtung Boden zu senken, ohne ihn allerdings zu berühren.

Ein Stretching das Hinterbeins nach hinten heraus hat die Funktion, die Streckermuskulatur, also die komplette Vorderseite des Beins, zu dehnen. Darüber hinaus werden auch kleinere benachbarte Muskelpartien am Bauch und in der Leistenregion erreicht. Sie fassen das Sprunggelenk und legen sich das Bein auf Ihren eigenen Oberschenkel. Stützen Sie das Sprunggelenk mit Ihrer Hand, lassen Sie das Pferd sich ausstrecken und bringen Sie ihm bei, ruhig zu halten und von Mal zu Mal mehr nachzugeben und auszustrecken.

Achtung: Es kann passieren, dass das Pferd sein Bein plötzlich zurückzieht. Passen Sie auf, dass Sie keinen Tritt abbekommen.

Stretche ich das Nackenband, so wirkt das auf die Rückenmuskulatur (Longissimus), Halsmuskeln und zu einem gewissen Grad auch die Schultermuskulatur. Das Pferd kann sich leichter stellen und bekommt keinen Krampf im Nacken. Wenn man das Nackenband und die übrigen Muskeln des Halses seitwärts dehnt, hält man ausschließlich den Nasenrücken des Pferdes. Locken Sie das Pferd mit leichtem Druck (und geben Sie sofort nach, wenn es mitmacht!) in Richtung Schulterblatt. Sie können es auch mit einer Karotte herumlotsen. Das Pferd soll nur mit Kopf und Nacken arbeiten. Der Körper bleibt gerade stehen.

Um das Nackenband abwärts zu dehnen, können Sie Ihr Pferd einfach mit einer Mohrrübe (vom Bauch her) zwischen den Vorderbeinen hindurch locken – oder mit leichtem, gleichmäßigem Druck. Lassen Sie immer sofort locker, wenn das Pferd nachgibt und der Bewegung folgt.

Wenn ich das Vorderbein dehne, beeinflusse ich damit nicht nur die Beinmuskeln, sondern auch die Schultermuskulatur und sogar ein Stück Bauchmuskulatur. Ich bekomme das Pferd dadurch dazu, freiere Bewegungen zu machen, schulterfrei zu werden.

Um das Vorderbein nach vorn heraus zu dehnen, dürfen Sie das Bein nie mehr als immer nur ein kleines bisschen anheben. Sie halten es wiederum an der Fesselbeuge. Lassen Sie das Pferd sich selbst ausstrecken, heben Sie dann ein bisschen mehr an. Lassen Sie das Pferd sich in der neuen Position wieder strecken. Bald merken Sie die Grenze des Pferdes,

*achten Sie sehr genau und feinfühlig auf seine Reaktionen. Genau hier
verläuft die Grenze zwischen Nutzen und Schaden.
Lassen Sie die Fessel nicht los, bis Sie fertig sind mit der Dehnungsübung.
Folgen Sie dem Bein und führen Sie es bis hinunter, zurück zur Aus-
gangsposition.
Wenn Sie loslassen, so lange der Huf noch in der Luft ist, kann das Huf-
bein einen Riss bekommen."*

Beachten Sie bitte drei Dinge:
- Wie beim Menschen, so beim Tier: Um Verletzungen vorzubeu-
  gen, darf Stretching unter allen Umständen nur an einem vollständig aufgewärmten Pferd ausgeführt werden.
- Stretching, das nicht direkt vor oder hinter dem Pferd ausgeübt
  wird, geschieht unter ihm.
  Machen Sie sich daher nie allein zu schaffen, arbeiten Sie immer
  mit einem Helfer.
  Arbeiten Sie niemals ohne Helfer bei einem Pferd, dessen Reak-
  tionen (Schlagen, Treten) Sie nicht einschätzen können.
  Überschätzen Sie Ihre eigene Reaktionsschnelligkeit nicht!
- Um sich und dem Pferd nicht zu schaden, dürfen Sie niemals
  eine Bewegung erzwingen.
  Drücken oder ziehen Sie also niemals gegen den Willen des
  Pferdes!

*„Meine Stretchingmethode basiert darauf, dem Pferd den Weg zu zeigen.
Das Einzige, was Sie dazu tun, ist so mit den Händen zu führen, dass
das Pferd erfährt, wie es sich bewegen soll, um sich zu dehnen.
Die Bildserie auf Seite 175 zeigt, wie die Stretchingbewegungen richtig
ausgeführt aussehen.
Lassen Sie anschließend an das Stretching noch einmal Ihre Handflächen sanft über das ganze Pferd gleiten, damit sich die Muskeln in
ihrer neuen Lage beruhigen.
Legen Sie eine Stalldecke auf und geben Sie dem Pferd Wasser.
Es ist nicht ungewöhnlich, wenn ein Tier auf die Behandlung mit Durchfall oder Müdigkeit reagiert."*

## Maria Celion

„Ich war immer schon sehr an Energien, geistigen Kräften und selbstverständlich auch an der Kommunikation mit Tieren interessiert.

1998 und 1999 machte ich eine Ausbildung zum Reiki-Healer durch die
Kurse 1 & 2A. 1999 nahm ich sogar an einem Kursus in Tierkommunikation bei der Amerikanerin Penelope Smith teil. Dieses Seminar weckte
mein Interesse an der Kommunikation mit Tieren enorm – auch wenn
es, was mich selbst betrifft, nicht dazu führte, dass ich es lernte. Es wollte
nicht funktionieren. Ich fing infolgedessen an, das Internet nach Kursen
zu diesem Thema zu durchforsten, und bekam dadurch Kontakt zu
Carola.

Im Herbst 1999 nahm ich an einem Tierkommunikationskurs bei ihr in
Ystad teil. Ihr zufolge sprach ich schon da mit einigen ihrer Tiere. Ich
durfte auch das Reiten durch Gedankenübertragung ausprobieren, das so
genannte Mentalreiten also. Von diesem Kurs zurück nach Hause
gekommen, begegnete mir meine Umgebung mit so großer Skepsis, dass
mein Selbstvertrauen in die angehende Tierkommunikation einen Schlag
bekommen hat, und so blieb das Ganze fürs Erste auf der Strecke. Im
April des darauf folgenden Jahres gab Carola einen ‚Weiterentwicklungs-
kurs‘, an dem ich teilnahm. Jetzt konnte ich Automatschrift ausprobieren, Meditation und meinen Guides begegnen. Ich konnte vieles über
Energien lernen und bekam wunderbar gutes Essen vorgesetzt!

Im Sommer 2000 wurde ich zu einem viertägigen Kursus in Tollarp bei
Kristianstad eingeladen. Dieser Kursus gab mir einen richtigen Schub
nach vorn, was die Tierkommunikation betrifft (mittlerweile ist der Knoten komplett geplatzt!), ich wurde im OKIDU-Healing initiiert und wir
meditierten mehrmals täglich. Außerdem sind wir täglich geritten und
machten lange Spaziergänge in den weiten Wäldern. Ein wirklich fan-
tastischer Kursus, und am letzten Tag wollte man absolut nicht nach
Hause.

Carola ist ein absolut wunderbarer Mensch. Sie hat wirklich ein Gespür
für Tiere, wie es nur wenigen Menschen vergönnt ist. Außerdem ist sie
stark genug, für das zu stehen, was sie macht – was nicht immer leicht,
aber notwendig ist, wenn man als Tierdolmetscher arbeitet. Obendrein ist

184

sie eine hervorragende Köchin, was vegetarisches Essen angeht. Sie ist ehrlich und kann Humor und Ernst auf wunderbare Weise mischen. Ihr Wunsch, anderen zu helfen, wird sie noch weit bringen und ich hoffe wirklich, dass ihr alles gelingt, was sie sich für ihr Leben wünscht.

Ich selbst arbeite heute als Tierdolmetscherin, ich bin an den Wochenenden rundum beschäftigt, herumzufahren und mit verschiedenen Tieren zu sprechen (meist Pferde).

Mein Kundenstamm ist ausschließlich durch Mundpropaganda gewachsen, was für meinen Teil bekräftigt, dass ich in Sachen Tierkommunikation als hinreichend tüchtig angesehen werde.

Das habe ich einzig Carola und ihren Kursen zu verdanken. Ich habe immer noch sehr guten Kontakt zu Carola, unter anderem wohnt mein Shetlandpony Kajsa bei ihr, da ich im Moment in Eskilstuna (110 Kilometer von Stockholm) ein Studium zur Pferdephysiotherapeutin absolviere.

Als fertige Therapeutin werde ich mit Problemen im Bewegungsablauf des Pferdes arbeiten. Zu den Studieninhalten zählen Massage, Akupunktur, Laser, Chiropraktik und Magnetfeldtherapie. Die Ausbildung dauert anderthalb Jahre (Vollzeit). Ich glaube, es ist die einzige ihrer Art in ganz Europa. Jetzt bin ich bald halb damit durch und fühle eindeutig, dass ich das Richtige in meinem Leben getan habe. Carola und ich helfen uns immer gegenseitig, wenn es notwendig ist, und können stundenlang miteinander telefonieren. Ich hoffe wirklich, dass dieser gute Kontakt zwischen uns weiter bestehen bleibt."

Maria Celion, Eskilstuna

## Ein paar Schlussgedanken für den „Tierdolmetscherazubi"

*„Wenn Sie ein bisschen geübt haben und spüren, dass es funktioniert, entwickeln Sie vielleicht das Bedürfnis, die ganze Welt teilhaben lassen zu wollen. Aber denken Sie dann daran, dass Ihre Wahrheit die Ihre ist. SIE wissen, dass Telepathie funktioniert, aber es gibt Leute, die zweifeln. Alle Menschen müssen glauben dürfen, was sie wollen. Versuchen Sie nicht, jemanden überzeugen zu wollen. Unterstützen Sie gern – aber legen Sie nicht zu viel Ihrer Energie da hinein, andere überreden zu wollen, dass es geht.*

*Alle Menschen kommen an einen Punkt im Leben, an dem sie selbst fühlen, dass sie sich vielleicht verändern wollen. Dann können Sie zur Hand gehen. Helfen Sie ein bisschen mit und fühlen Sie die Freude, jemanden etwas zu lehren, der es wirklich wissen will, der wirklich lernen möchte, mit Tieren zu kommunizieren.*

Wenn Sie als Tierdolmetscher arbeiten möchten, nehmen Sie eine große Verantwortung auf sich. Wenn Sie hinausgehen, unters Volk, und arbeiten, denken Sie daran, dass diejenigen, die sich Rat suchend an Sie wenden, wirklich an das glauben, was Sie tun – wenn auch vielleicht nur zaghaft –, sonst würden sie Sie wohl kaum dafür bezahlen.

Sie müssen bescheiden bleiben und Menschen verstehen, die überhaupt nicht an Sie glauben wollen. Sagen Sie ihnen nur, dass Sie nicht arbeiten, um jemandem etwas zu beweisen, sondern dass Sie arbeiten, um Tieren zu helfen. Und so sollte es auch wirklich sein.

Sie machen einen guten Eindruck, wenn Sie im Vorfeld etwas über die Anatomie der Tiere lernen, sodass Sie auch in anderen Bereichen helfend wirken können.

Wenn ein Tier krank ist und Ihnen das zu erklären versucht, erleichtert es die Sache, wenn Sie exakt in Worte fassen können oder am Körper zeigen, um was es sich handelt. Auch das stärkt das Vertrauen des Besitzers in Sie.

Wenn Sie auf ehrliche Art und Weise arbeiten, sollten Sie höchstens und ausschließlich den Namen und das Alter des Tieres kennen, eventuell die

*Rasse. Alles andere sollte der Besitzer Ihnen nicht im Vorfeld sagen müssen. So halten es wir bereits aktive Tierdolmetscher – das ist eine Art Ehrenkodex.*

*Nach etwa fünfzehn bis zwanzig Minuten, wenn Sie alles aufgeschrieben haben, was das Tier Ihnen mitgeteilt hat, und es dem Besitzer vorgelesen haben, darf er eigene Fragen stellen. Sie vermitteln dem Besitzer die Antworten. Auf jeden Fall sollten bis zu dreißig Fragen gestellt werden dürfen, aber die ganze Konsultation sollte anderthalb Stunden pro Pferd nicht übersteigen, damit das Tier nicht mental übermüdet und überbeansprucht wird.*

*Sie sollten dem Besitzer auch mitteilen, dass das Pferd Durchfall bekommen und noch einige Stunden danach müde sein kann.*

*Was Sie an Honorar nehmen, können nur Sie selbst bestimmen. Nur Sie selbst können Ihre Zeit wertschätzen. Dolmetschen Sie als Vollzeitjob? Zusätzliches Taschengeld? Oder nur als Hobby, hier und da? Dies alles spielt eine Rolle.*

*Viel Glück mit Ihrer Arbeit!"*

Carola Lind

# Dank

### Carola sagt Danke:

*„Ich danke meiner Mutter, die mein Leben so gestaltete, dass ich lernen konnte. Jonas, der mich leben und mich entwickeln lässt. Meinen Kindern, die sich mich als Mutter auswählten. Lasst euch nichts einreden, behauptet euch! Sonst übernimmt das jemand anders! Åsa, Ingela, Susann, meinen Seelenfreundinnen und mentalen Sparringspartnerinnen, die mich jederzeit ertragen.*
*Dank allen, die ich getroffen habe und die mit mir zusammen die Situationen schufen, aus denen ich gelernt habe. Dank an die Pferde, meine besten Freunde, meine Seelenverwandten, die mir lieb und teuer sind. Danke, dass es euch gibt!*
*An alle Mitwirkenden dieses Buches, danke, dass ihr euch Zeit genommen habt! Und selbstverständlich dir, Karin, ohne dich gäbe es kein Buch! Danke!"*

### Karin Müller sagt Danke:

Mein Dank gilt allen voran „meinen" Tieren. Denen, die mich bis hierhin begleitet haben, und denen, die mir in der Zukunft Freund, Spiegel und Lehrer sein wollen. Meinen wunderbaren Pferden Sunny und Porky und all den geduldigen Schulpferden meiner Kindheit, meinen Pflegepferden und Reitbeteiligungen. Unendlicher Dank den guten Mächten, die mich so weit und weiter sicher geführt haben.

Ganz irdisch möchte ich mich bei meinen Eltern bedanken, dass sie mich gelehrt haben offenen Auges und Herzens durchs Leben zu gehen. Meiner Mutter, dass sie nicht mit der Wimper gezuckt hat, als sie auf den ersten Seiten dieses Manuskriptes das Wort „Telepathie" las. Meinem Vater sowieso, für alles, was er von dort aus tut. Meiner Schwester Edith, Kerstin und Olaf Christiansen und Nina Mårtensson für die Übersetzungshilfe bei schier unauffindbar scheinenden schwedisch-pferdischen Redewendungen. Karin und Göran Jönsson dafür, dass ich immer in Yngsjö sein durfte – und für Lillepuss!

Dr. med. vet. Roland Boerner, Kerstin Hasse-Schwenkler, Jörg Heimann, Frank Wilde, Harald Koch, all meinen Freunden einmal mehr für Rat und Tat und Geduld – und nicht zuletzt Ilona Rudolphi und Angela Bähr, dass sie sich so voll Liebe und Verantwortung mit um meinen Zoo gekümmert haben – ohne euch wäre dieses Buch nicht möglich gewesen! Bei Moa, Julia, Jonas und den Tieren des Alternativstallets möchte ich mich bedanken, dass ich ihnen Mutter, Frau bzw. Frauchen soft entführen durfte.

Gemeinsam möchten wir uns für die Gastfreundschaft und freundliche Unterstützung bei Anne-Lee Skarlen und ihrer Familie in Barcelona bedanken, bei Rosa Llobet und Don Manuel San Miguel Uslé, Finca „Can Morató", der sich die Zeit nahm, uns seine wunderbare P.R.E.-Zucht in Cardedeu-Llinás zu zeigen.
Und last but not least: Ganz herzlich bei Ihnen, lieber Leser, dafür dass Sie dieses Buch tatsächlich bis zur allerletzten Zeile gelesen haben!

# *Service*

### Zum Weiterlesen

Sibylle Luise Binder / Gabriele Kärcher: **Horse Feelings**, Die Welt
der Pferde, frei, geheimnisvoll, faszinierend, Kosmos, Stuttgart
2001

Sonya Fitzpatrick/Patricia Burkhart-Smith: **Was mir die Tiere
erzählen**, Kosmos, Stuttgart 1998

GaWaNi Pony Boy: **Horse, Follow Closely**, Indianisches Pferdetraining – Gedanken und Übungen, Kosmos, Stuttgart 1999

GaWaNi Pony Boy: **Time well spent**, Das persönliche Tagebuch
zum indianischen Pferdetraining, Kosmos, Stuttgart 2000

Christiane Gohl: **Pferde verstehen**, Im Umgang und beim Reiten:
Körpersprache richtig deuten, Kosmos, Stuttgart 2001

Klaus Ferdinand Hempfling: **Mit Pferden tanzen**, Kosmos,
Stuttgart 1993/2001

Hans-Dieter Leuenberger: **Das ist Esoterik**, Hermann Bauer,
Freiburg 1999

Arthur Myers: **Zwiesprache mit Tieren**, Kosmos,
Stuttgart 2000

Alois Podhajsky: **Meine Lehrmeister, die Pferde**, Kosmos,
Stuttgart 2001

Monty Roberts: **Der mit den Pferden spricht**, Gustav Lübbe,
Bergisch-Gladbach 1997

Susanne E. Schwaiger: **Der Weg mit Pferden, ein Weg zu mir,** Das Pferd als Persönlichkeitstrainer, Kosmos, Stuttgart 2000

Susanne E. Schwaiger: **Persönlichkeitstraining mit Pferden,** Das Praxisbuch, Kosmos, Stuttgart 2001

Penelope Smith: **Gespräche mit Tieren,** zweitausendeins, Frankfurt/Main 1985

Rosina Sonnenschmidt: **Heilende Hände für Tiere,** Kosmos, Stuttgart 1999

Imke Spilker: **Selbstbewußte Pferde,** Kosmos, Stuttgart 2000

Johannes Walter: **Chakraerfahrung,** Heyne, 1993

Wissdorf H./Gerhards H./Huskamp B.: **Praxisorientierte Anatomie des Pferdes,** Schaper Verlag, Alfeld 1998

Klaus Zeeb: **Die Natur des Pferdes,** Kosmos, Stuttgart 1998


**Empfehlenswerte Videos:**

GaWaNi Pony Boy: **Horse, Follow Closely,** Indianisches Pferdetraining in 14 Übungen, Kosmos, Stuttgart 2001

Peter Kreinberg: **Horsemanship Training,** Grundausbildung für Western- und Freizeitpferde, Kosmos, Stuttgart 2001

Linda Tellington-Jones: **Die Persönlichkeit Ihres Pferdes,** Kosmos, Stuttgart 2000

# Register

# KOSMOS

## Die Welt der Pferd

# Horse Feeling

Binder/Kärcher
**Horse Feelings**

216 Seiten
137 Abbildungen
gebunden

ISBN 3-440-08132-X

„Horse Feelings"
entführt mit traum-
haft schönen Farb-
fotos, ausgewählten
literarischen Zitaten
und einem spannen-
den Text in die Welt
der Pferde.

**KOSMOS**

DIE WELT DER PFERDE
FREI, GEHEIMNISVOLL,
FASZINIEREND

*Horse Feelings*

SIBYLLE LUISE BINDER
GABRIELE KÄRCHER

▸ Brillante Farb-
fotos, mitreißende
Gestaltung

▸ Ein idealer
Geschenkband
für alle Pferde-
liebhaber

Pferde faszinieren uns durch ihre Schönheit, ihre
Wildheit, ihre Kraft ebenso wie durch ihr sanftes
Wesen, ihre Sensibilität und ihre Anmut. Mit ihnen
zu leben und sie kennen zu lernen, bereichert unser
Leben und eröffnet uns immer wieder den Blick auf
die Natur in einer ihrer schönsten Erscheinungs-
formen.

www.kosmos.de